Début d'une série de documents en couleur

Abbé **C. PIAT**, Agrégé de philosophie
Docteur ès-lettres
Professeur à l'Institut catholique de Paris

LA LIBERTÉ

PREMIÈRE PARTIE

Historique du problème au XIXᵉ Siècle

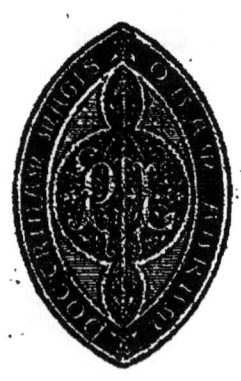

PARIS
P. LETHIELLEUX, LIBRAIRE-ÉDITEUR.
10, RUE CASSETTE, 10

P. LETHIELLEUX, Éditeur, 10, rue Cassette, Paris.

BIBLIOTHÈQUE PHILOSOPHIQUE

FRANÇOIS BACON par M. Georges-L. FONSEGRIVE, de l'Université de Paris.
Beau volume in-12, orné d'un portrait 3.50

LE POSITIVISME DEPUIS COMTE JUSQU'A NOS JOURS par le R. P. GRUBER, de la Compagnie de Jésus.
Beau volume in-12 .... 3.50

CORPS ET AME. — LES PASSIONS ET LA VOLONTÉ par M. J. GARDAIR, professeur libre de philosophie à la faculté des Lettres de Paris, à la Sorbonne.
Chaque ouvrage forme un volume in-12 du prix de 3.50

AUGUSTE COMTE, fondateur du Positivisme, **sa vie, sa doctrine**, par le R. P. GRUBER, de la Compagnie de Jésus. Précédé d'une préface par M. OLLÉ-LAPRUNE, maître de conférences à l'École normale.
Beau volume in-12, *orné d'un portrait* 3.50

PHILOSOPHIE MORALE par le R. P. G. DE PASCAL, missionnaire apostolique
Beau volume in-12 .... 3.50

LA LIBERTÉ. — Historique du problème au XIX° siècle par M. l'abbé C. PIAT, agrégé de philosophie, professeur à l'Institut Catholique de Paris.
Beau volume in-12 .... 3.50

Volumes sous presse :

KANT par le R. P. PESCH, de la Compagnie de Jésus. — Traduit de l'allemand.

L'HOMME par M. S' GEORGES MIVART. Traduit de l'anglais, préface par M. SEGOND, professeur au collège Stanislas à Paris.
In-12° 3.50

LA LIBERTÉ Tome II (Théorie moderne) par M. l'abbé PIAT, de l'Institut catholique de Paris.

LA CONNAISSANCE par M. J. GARDAIR, professeur libre de philosophie, à la Faculté des Lettres de Paris, à la Sorbonne.

Typ. M. SCHNEIDER, 185, rue de Vanves — Paris.

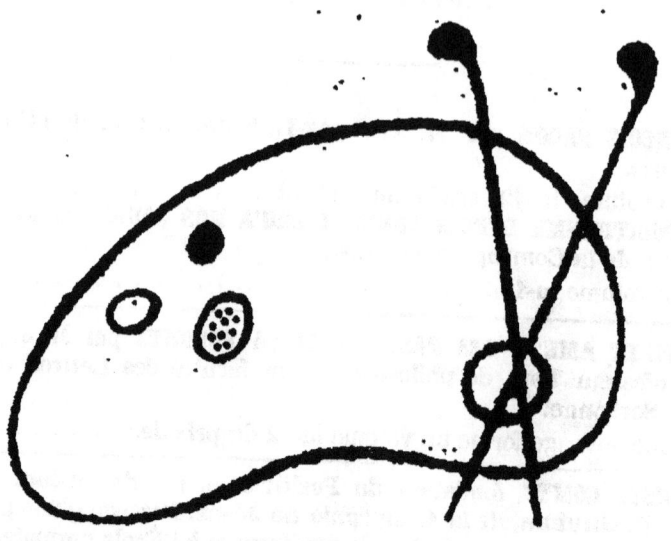

Fin d'une série de documents en couleur

LA LIBERTÉ

PREMIÈRE PARTIE

TABLE DES MATIÈRES

Notions préliminaires 3

PREMIÈRE PÉRIODE
Méthode psychologique et métaphysique.

CHAPITRE I. — Méthode psychologique : Maine de Biran ; V. Cousin ; Jouffroy 13
CHAPITRE II. — Méthode métaphysique : Fichte ; Schelling ; Hegel. 73

SECONDE PÉRIODE
Méthode scientifique.

CHAPITRE I. — Causes du déterminisme . . . 99
CHAPITRE II. — Formes du déterminisme : déterminisme scientifique, déterminisme psycho-physiologique, déterminisme psychologique . 123

TROISIÈME PÉRIODE
Méthode morale.

CHAPITRE I. — Origine du mouvement néo-criticiste 255
CHAPITRE II. — Formes du mouvement néo-criticiste : forme substantialiste, forme phénoméniste 271
CONCLUSION : Il faut faire une *synthèse critique* des théories émises. 341

Abbé **C. PIAT**, Agrégé de philosophie
Docteur ès-lettres
Professeur à l'Institut catholique de Paris

LA LIBERTÉ

PREMIÈRE PARTIE

Historique du problème au XIXᵉ Siècle

PARIS
P. LETHIELLEUX, LIBRAIRE-ÉDITEUR.
10, RUE CASSETTE, 10
1894
Tous droits réservés.

NOTIONS PRÉLIMINAIRES.

LA LIBERTÉ

Notions préliminaires

Le problème de la liberté tient une place dominante dans l'histoire contemporaine de la pensée. Nul siècle ne s'en est plus occupé que le nôtre. On y a mis de la passion.

Depuis l'effort que fit J.-J. Rousseau pour distinguer le Dieu de la nature et le Dieu de la révélation, le flot du doute est allé toujours montant. On remarque, il est vrai, après la grande révolution, une sorte de renaissance chrétienne, dont Chateaubriand est le principal représentant. Mais ce mouvement ne dure pas, parce qu'il ne tient guère qu'à la sensibilité. Bientôt, sous l'influence des théories panthéistico-évolutionnistes d'Allemagne, V. Cousin reprend en l'élargissant la pensée du *Vicaire savoyard*. Il vient soutenir que la religion n'est qu'une forme enfantine de la conscience humaine, qui doit faire place au règne exclusif de la raison ; que c'est à la philosophie pure de fonder définitivement le système (1) des vérités qui intéressent

1. *Émile* II, l. IV.

la vie humaine. Et cette idée trouve de nombreux et célèbres partisans ; elle devient comme l'âme de toute une génération. Mais, la foi chrétienne mise en doute, la raison ne peut plus conclure. Les preuves fournies par le spiritualisme sur l'idée de Dieu, sur l'origine, la nature et l'immortalité de l'âme, paraissent faibles aux yeux d'une société que la méthode scientifique appliquée à tous les ordres de problèmes rend de plus en plus difficile. Après avoir rejeté la religion, on fait un pas de plus dans la voie du scepticisme : on rejette la métaphysique ; et alors se présente la terrible question de savoir ce que peuvent être le bien, le devoir, la vertu, la liberté. Séparées du monde de l'au-delà, ces idées fondamentales apparaissent comme des plantes déracinées et destinées à se flétrir. A la crise métaphysique succède la crise morale, comme à la crise religieuse a succédé la crise métaphysique. De là ce grand nombre de travaux, livres, brochures, articles de revues, qui ont paru depuis quelques années sur le problème moral ; de là aussi les opinions de toute nuance qu'on a émises sur la liberté elle-même.

Mais en ce dernier point la tourmente sévit avec une violence particulière : car, en même temps que la métaphysique va sombrant dans le doute, la science, de plus en plus féconde en découvertes,

exerce sur les esprits une sorte de fascination.
Peu à peu ce n'est plus la raison philosophante,
c'est la science à qui appartient l'avenir. C'est
la science qui doit donner à l'homme l'empire de
la nature, lui livrer le secret de son origine et de
sa destinée, déterminer les principes directeurs
de son activité morale. La science ne tarde pas
à devenir le seul dieu auquel on ait foi. Or la
science ne s'occupe que des phénomènes, et ces
phénomènes, elle les regarde comme liés les uns
aux autres par la causalité ; ils forment à ses yeux
une suite que rien ne peut ni rompre ni changer :
de telle sorte que la liberté n'a plus de refuge que
dans le noumène auquel on ne croit plus ; encore la
poursuit-on dans ce dernier asile au nom du principe
de la raison suffisante. En face de cette attaque d'un
genre assez nouveau, les moralistes s'alarment, et
l'on voit s'engager une bataille d'idées où l'on trouve
des chercheurs de tout ordre : psychologues, métaphysiciens, mathématiciens, biologistes, crimino-
logistes, défenseurs de la notion traditionnelle du
devoir entrent tour à tour dans la mêlée. La liberté
devient le champ clos où se rencontrent tous les
esprits que ne contente pas l'observation brute
des faits.

Décrire les principales phases par lesquelles a

passé cette longue et ardente discussion sur l'un des problèmes les plus importants de la vie humaine, esquisser l'historique de la liberté au XIX⁰ siècle : tel est le premier but de nos efforts. Il y a là, nous semble-t-il, une œuvre utile à faire. Il faut se rendre compte de ce qu'ont pensé les autres avant de penser par soi-même. Il n'y a que cette méthode qui soit scientifique. Procéder autrement, c'est s'exposer à réfuter ce qu'on ne comprend pas ; c'est aussi se diminuer soi-même, en refusant de recourir aux lumières de ses devanciers. Procéder autrement, c'est ressembler à un soldat qui voudrait encore se battre avec le fusil à pierre. En outre, les débats qui se poursuivent depuis si longtemps sur la liberté, ont une valeur intrinsèque, un intérêt qui leur est propre. Considérés dans leur ensemble, ils sont une marche en avant : ils ont précisé le problème ; ils l'ont élargi en éclairant les rapports qu'il soutient avec toutes les branches du savoir ; ils l'ont enrichi d'analyses et de vues nouvelles. Par là même, en marquer les vicissitudes, tout en dégageant l'âme de vérité qui s'y dissimule, c'est préparer la vraie base de la science future du libre arbitre.

Toutefois, notre dessein n'est pas de nous borner à un exposé. On n'a peut-être pas encore tout dit sur la liberté, et ce que l'on a dit n'est pas toujours marqué au coin de la justesse. D'abord, n'y-a-t-il pas moyen de rendre au témoignage de la conscience sa valeur objective? Il nous semble que sur ce point on a fait d'inutiles et dangereuses concessions. Quelle étrange chose qu'une liberté qui n'a pas conscience d'elle-même, quand le propre de la liberté est d'être consciente! De plus, les déterministes ont abouti à l'universelle nécessité; les moralistes, à l'universelle liberté. N'est-il pas manifeste que les uns et les autres sont tombés de quelque manière dans cette exagération qui remplit le cours de l'histoire et qui consiste à tout faire rentrer de gré ou de force dans son point de vue? Le litige de la science et du libre arbitre ne peut être qu'apparent. C'est un conflit de fait, non de droit. Le tout est de trouver le principe conciliateur. Après les patientes et fécondes recherches auxquelles on s'est livré, il reste encore plus qu'à glaner dans le champ de la liberté. La question demande un nouvel examen : cet examen, c'est ce que nous tenterons en second lieu.

Commençons par l'histoire. Lorsqu'on suit l'évolution qu'a subie l'idée de liberté au XIXe siècle, on y remarque trois périodes assez distinctes, bien que plongeant l'une dans l'autre par leurs points extrêmes. La première va de Maine de Biran à Auguste Comte. Pendant cette période, c'est par la *méthode psychologique* qu'on traite en France le problème de la liberté. Maine de Biran, Cousin, Jouffroy partent du témoignage de la conscience, en poursuivent l'analyse et s'y enferment comme dans une redoute. En Allemagne, au contraire, c'est principalement au point de vue ontologique qu'on se place vers la même époque. Fichte et Schelling regardent au contenu de la raison, qui leur paraît adéquat à l'être et font de la liberté le pouvoir absolu qui a commencé le drame universel : ils ont recours à la *méthode métaphysique*.

Mais bientôt tout change d'allure. Métaphysique et psychologie tombent dans le discrédit en face des merveilleuses découvertes de la science, et l'on voit s'ouvrir une nouvelle période, où l'on traite le problème de la liberté par la *méthode scientifique*. Dès lors, on ne parle plus de la conscience que pour montrer le caractère illusoire de son témoignage; on n'a que faire des raisonnements à perte de vue sur la nature de l'être, qu'on déclare essentiellement inconnaissable. Il ne s'agit plus que de la science ; la science seule a de justes titres à la créance. Or la loi fondamentale et la condition de la science, c'est l'universelle nécessité. Pas de liberté par conséquent. Ainsi raisonnent Auguste Comte, Stuart Mill, Herbert

Spencer, Schopenhauer lui-même, Taine, M. Ribot, Paulhan..., bien que ces philosophes aient des manières assez différentes d'appliquer la même idée.

Toutefois, on ne s'en tient pas longtemps au déterminisme ; la pensée se sent à l'étroit dans les mailles de la nécessité. De plus, l'idée du devoir, qui a ses racines au fond même de la conscience humaine, ne s'en accommode pas. Une réaction ne tarde pas à se produire qui s'inspire de Kant, tout en modifiant assez gravement son idée. Périsse la science, dit-on, si c'est nécessaire ! Il faut conserver le devoir qui est sacré, le devoir qui est la condition de l'ordre et par là même du progrès. Il faut croire au devoir ; or la croyance au devoir implique la croyance à la liberté, non plus à cette liberté stérile que Kant a pris soin de garrotter et d'enfermer dans l'absolu, mais à cette liberté seule véritable qui nous met à même de dominer nos passions pour réaliser le bien, à cette liberté qui est le pouvoir de modifier le cours de l'aveugle et brutale nature. A la méthode scientifique qui a tué la liberté, succède la *méthode morale* qui la fait revivre.

Telles sont, croyons-nous, les principales oscillations de la pensée moderne autour du problème du libre arbitre. Elles forment une sorte de trilogie intellectuelle du plus saisissant intérêt que nous allons essayer de reproduire, mais sans nous étendre outre mesure ; car la matière est infinie. Notre intention est de chercher dans chaque théorie le contingent qu'elle fournit au savoir. Le reste importe peu.

PREMIÈRE PÉRIODE

MÉTHODES

PSYCHOLOGIQUE ET MÉTAPHYSIQUE

CHAPITRE PREMIER

Méthode psychologique. — Maine de Biran ; — V. Cousin ; — Jouffroy.

I

Parlons d'abord des philosophes qui ont traité le problème de la liberté par la méthode psychologique.

Le premier en date et en valeur, c'est Maine de Biran. La théorie de ce patient et profond chercheur fit une révolution dans les idées au commencement de notre siècle. A la philosophie de la passivité importée d'Angleterre sous les auspices de Locke et de D. Hume, formulée en France dans une langue à la fois franche et claire par Condillac et depuis longtemps régnante dans l'Europe entière, Maine de Biran substitua la philosophie de l'activité. La réaction, il est vrai, avait déjà commencé avant lui. Le *Mémoire sur la décomposition de la pensée* parut en 1805, et à ce moment MM. de Bonald et Ballanche avaient ouvert la série de leurs publications. L'abbé Frayssinous venait d'entreprendre ses conférences à Notre-Dame ; avec *le Génie du christianisme* s'était levé un idéal nouveau. Le public connaissait déjà quelques-uns des opuscules de Saint-Martin. Les doctrines de Garat et de Destutt de Tracy ne suffisaient plus aux intelligences écrasées sous le poids d'une philosophie qui coupe les ailes à la pensée et refoule les aspirations les plus nobles et les plus profondes de l'âme humaine.

Il faut le dire aussi, les principaux défenseurs du sensualisme sentaient eux-mêmes et parfois confessaient les lacunes de leur système. Comment pouvons-nous connaître quelque chose hors de nous ? « C'est, dit Condillac dans la seconde édition de son *Traité des sensations*, un problème que, dans ma première édition, j'avais mal résolu ». Et il établit que c'est par la résistance que nous apprenons qu'il y a des corps hors de nous. Or cette résistance du dehors, c'est notre propre action, notre action motrice qui nous la fait connaître. « Le principe du mouvement, disait Destutt de Tracy, est la volonté ; et la volonté, c'est la personne, c'est l'homme même »[1]. Il y avait dans de tels aveux ce germe de vie qui se cache dans les flancs du présent et explique l'avenir. Mais Maine de Biran fut

---

1. V. *Mémoires, éléments d'idéologie* ; Lettres à Destutt de Tracy.

le premier qui, dans le domaine spécial de la philosophie, dégagea l'idée que tout le monde pressentait pour en faire la base d'un nouveau système; et son effort tout personnel devait aller de front avec la tâche que Laromiguière entreprit en 1811 de modifier les doctrines sensualistes et la tentative que fit Royer-Collard de leur opposer les théories du réformateur de la philosophie écossaise. Ainsi, de 1805 à 1811, des tendances nouvelles se faisaient jour de toutes parts, et la plus originale et la plus féconde fut celle que personnifia Maine de Biran [1].

Essayons d'abord d'exposer son principe : nous verrons ensuite comment il entend le problème de la liberté.

*
* *

L'idée qui frappe au prime abord l'immortel psychologue et qui donne en quelque sorte le branle à sa pensée, c'est que le sensualisme a des lacunes essentielles. La passivité ne suffit pas à l'explication de l'âme humaine. On a tenté de tout réduire à l'unité, on a cherché le fait primitif de l'évolution

---

1. On pourra consulter avec fruit sur ce mouvement l'introduction magistrale de M. E. Naville aux *Œuvres inédites de Maine de Biran* et le rapport de M. F. Ravaisson sur la philosophie en France au XIXe siècle.

mentale, celui qui commence en nous la vie consciente et dont tout le reste n'est qu'une sorte de dérivation ; et l'on a eu raison. Mais ce fait primitif, on l'a cru voir dans la sensation, et c'est là qu'est l'erreur. La philosophie de la sensation n'explique ni la science, ni l'hétérogénéité des phénomènes psychologiques, ni la personnalité.

Et d'abord, comment rendre compte de la science à l'aide de la théorie sensualiste ? Détachée à la fois de l'organe qui lui sert de siège et de tout terme qui lui résiste, prise *in abstracto*, comme l'a fait Condillac, la sensation n'a rien que de vague et d'indéterminé. Elle ressemble à ces affections agréables ou douloureuses que nous éprouvons au dedans de notre corps, et dont le propre est de n'avoir pas d'objet. Or il faut à la science un principe à la fois clair et précis. De plus, la sensation absorbe d'autant plus l'intelligence qu'elle gagne davantage en vivacité. Or il faut à la science un principe qui fasse de plus en plus la lumière à mesure qu'il se développe [1]. En outre, on a beau s'acharner à nier l'au-delà, à rejeter ce qui dépasse l'expérience, on n'édifie pas la science avec de simples faits : la science a besoin de notions fon-

---

1. *Fond. de la psych.*, intr. génér., II, 43.

damentales qui la dominent, la dirigent et en constituent l'unité ; il faut placer à sa base les concepts de cause, de force, de substance. Or ces concepts, qui constituent en quelque sorte l'essence de l'entendement humain, le sensualisme est dans l'impuissance d'en rendre compte : il n'admet que les phénomènes, et tout cela déborde le monde des phénomènes. Ainsi la raison, tout en s'éveillant, donne un démenti définitif à la théorie superficielle de la sensation.

L'école de Condillac n'est pas plus heureuse dans son effort principal, qui consiste à ramener tous les phénomènes psychologiques à l'unité : « Il est inutile, dit en commençant l'auteur du *Traité des « sensations*, de supposer que l'âme tient immédia- « tement de la nature les facultés dont elle est douée. « Toutes sont contenues dans la faculté de sentir ; « et celle-ci n'a besoin que de se développer à « l'aide de l'expérience, du plaisir ou de la douleur, « pour produire toutes les autres facultés, telles que « le jugement, la réflexion, les désirs, les passions qui « ne sont que la sensation même transformée diffé- « remment »[1]. Sans doute, répond Maine de Biran, on est libre d'appeler du seul nom de sensation tous les faits psychologiques. Mais la terminologie

1. *Fond. de la psych.*, P. I, sect. II, ch. II.

ne change rien à la nature des choses. La conscience proclame qu'il y a une attention dont l'activité est l'essence ; une mémoire qui n'est pas la simple persistance des images, mais la reproduction volontaire des signes ; une volonté, enfin, qui, loin de se confondre avec le désir, entre en lutte avec lui et le surmonte. La conscience proclame l'hétérogénéité native des faits psychologiques et par là même l'irréductibilité réciproque des facultés qu'ils supposent. Il y a plus : on accorde que la faculté de sentir « est bien innée ou inhérente à l'âme humaine, dont « elle constitue par hypothèse toute l'essence. « Or la sensation première et originale ne doit-elle « pas avoir dans sa nature, ou dans ce qui la consti-« tue sensation tout ce qui est requis pour produire « par son développement ultérieur toutes les facul-« tés qui sont censées dérivées » ? Les animaux ne s'élèvent pas jusqu'au jugement et à la réflexion, parce que « leurs sensations ne renferment pas « tout ce qui est compris dans les nôtres ». Si nous les dépassons dans notre évolution, c'est que nous avons dès l'origine, à l'état latent, ce qu'il nous faut pour les dépasser. Ainsi la sensation ne contient tout, que si l'on a pris la précaution préalable d'y tout mettre [1].

1. *Fond. de la psych.*, P. I, sect. II, ch. II.

Le sensualisme, qui n'explique l'hétérogénéité des phénomènes intérieurs qu'à l'aide d'un tour de passe-passe, enveloppe un vice encore plus profond : il ne rend pas compte de la personnalité.

En effet, « dans l'hypothèse d'une statue animée « qui est primitivement *odeur de rose* et rien de « plus par rapport à elle, cette sensation avec laquel- « le l'âme ou le *moi* se trouve complètement identi- « fié exclut positivement l'individualité personnelle, « tant qu'il n'y a point de fondement à l'emploi de « la formule énonciative de l'existence personnelle : « *Je suis* ». Dans la statue de Condillac, simple agencement de phénomènes vides et flottants, il n'y a pas d'unité synthétique et consciente, il n'y a personne [1].

Il faut aller plus loin, si l'on veut toucher du doigt l'insuffisance de la théorie de Condillac. Le fait qu'il nous donne comme primitif, n'est pas un fait. On appelle de ce nom « tout ce qui existe pour « nous, tout ce que nous pouvons percevoir au de- « hors, sentir en nous-mêmes, concevoir dans nos « idées ». Par là même, tout fait suppose deux éléments : quelque chose qui est vu et quelqu'un qui voit, un objet et un sujet. « Il n'y a de fait pour « nous qu'autant que nous avons le sentiment de

---

1. *Fond. de la psych.*, P. I, sect. II, ch. II, 186.

« notre existence individuelle et celui de quelque
« chose, objet ou modification, qui concourt avec
« cette existence et est distinct ou séparé d'elle ».
Or il se trouve précisément que l'odeur de rose dont
parle Condillac manque de sujet. Sa statue ne peut
pas dire : *Je suis odeur de rose ;* car alors « elle ne
serait pas plus identifiée avec cette modification
que l'individu qui dit de lui-même : Je suis souffrant, triste, bien ou mal, ne s'identifie avec de
telles modifications ». La statue de Condillac n'est
pas une existence à la fois multiple et une, ce n'est
pas quelqu'un qui voit, ce n'est pas un sujet. Par
là même, son odeur de rose n'existe pour personne. Ce n'est pas un fait [1].

On ne peut donc s'arrêter au sensualisme, quelle
que soit l'autorité de ses représentants. C'est là un
édifice qui a des fissures partout et où il n'est pas
prudent de chercher abri. Nécessité s'impose d'interroger encore la nature, d'entrer plus avant dans
le mystère de l'âme, pour y découvrir ce fait primordial qui explique à la fois la science, l'évolution
de nos facultés, la personnalité, le fond même de

---

1. *Fond. de la psych.* introd., II, 36, 37. — *Nouvelles Œuvres inédites, de Maine de Biran, Science et Psychologie,* publiées par Alexis Bertrand ; *Rapports des sciences naturelles avec la psychologie.*

notre être. C'est là ce qu'entreprend Maine de
Biran. Comment va-t-il conduire à bonne fin cette
nouvelle et capitale entreprise ?

*
* *

Si j'éprouve une douleur, si je me trouve dans
une température chaude ou froide, je subis une
modification à l'égard de laquelle je me sens passif.
Mais, si je meus un de mes membres, le phénomène qui se passe revêt un caractère tout différent :
je deviens actif. Il y a donc à côté des phénomènes
passifs d'autres phénomènes dont le propre est
l'activité. A côté de l'action du dehors il y a la
réaction du dedans, le mouvement qui part du
centre, que le sujet produit par lui-même. A côté
de l'affection il y a l'effort, et voilà une première
révélation qui suffit à jeter sur notre être une lumière nouvelle. Mais ce n'est pas tout : l'effort
n'entre pas seulement dans la trame des modifications qui constituent notre vie mentale ; c'est ce
fait primitif qu'on a si longtemps cherché et en
vain.

On peut remarquer, en premier lieu, que l'effort
se mêle comme un principe d'action à toutes les
modifications de notre existence réfléchie et par là

même humaine. Si j'étends mon bras pour saisir un objet, si j'agite ma main pour donner une indication, si je remue mes jambes pour marcher, c'est en vertu d'un acte qui part du dedans, qui est essentiellement conscient, qui a un terme de résistance déterminé, c'est en vertu d'un effort. L'effort s'étend aussi loin que le système des muscles volontaires de la vie animale et l'a pour empire [1]. De plus, l'effort intervient dans la perception des faits aussi bien que dans la vie motrice. Lorsque je dirige mon regard, lorsque je tends l'oreille, lorsque je déguste un mets, que je respire une fleur ou palpe une surface, c'est par l'attention que je fais tous ces actes, et l'attention enveloppe un effort. Enfin, il y a effort, et souvent intense, jusque dans la méditation solitaire, dans cette chasse d'idées que nous instituons au dedans de nous-mêmes pour trouver une vérité et qui est le secret de l'invention ; il y a effort dans la manière dont nous évoquons nos motifs d'action : c'est nous qui agrandissons les uns, qui rapetissons les autres [2]. L'effort envahit donc toute notre personnalité : c'est le principe du mouvement musculaire, le ressort à l'aide duquel nous nous élevons, dans l'ordre de la connaissance

---

1. *Fond. de la psych.*, part. I, sect. II.
2. Lettre inédite à Ampère, probablement de 1807.

empirique, de la faiblesse à la force, de la confusion à la netteté ; la raison explicative de toutes les découvertes intellectuelles, la condition de tout avancement moral. L'effort rayonne du fond de notre être comme le soleil à travers notre système planétaire : de là vient la lumière, la vigueur, la marche en avant.

Non seulement l'effort se rencontre comme un levier sous toutes les formes que revêt la vie consciente ; mais encore il est le fond de notre personnalité. Qu'enveloppe en effet la notion de personne ? D'abord, la connaissance de soi-même ou conscience ; mais la connaissance de soi-même implique la délimitation de l'être, qui implique opposition, qui implique effort. De plus, qu'enveloppe la notion de personne ? La responsabilité ; mais, pour être responsable, il ne faut pas être un simple anneau de la chaîne de la fatalité ; pour être responsable, il faut pouvoir réagir contre les impressions, commencer par soi-même une série d'actes : pour être responsable, il faut se sentir capable d'effort. Conscience de soi et responsabilité : voilà les deux éléments essentiels de la personnalité, et ces deux éléments se réduisent l'un et l'autre à l'effort.

On peut avancer encore : on peut affirmer que l'effort est le fond de notre être. « Je reprends, dit « Maine de Biran, le principe de Descartes : *je pense,*

« *j'existe* ; et, descendant en moi-même, je cherche
« à caractériser plus expressément quelle est cette
« pensée primitive, substantielle, qui est censée
« constituer toute mon existence individuelle, et je
« la trouve identifiée dans sa source avec le senti-
« ment d'une action ou d'un effort voulu ». Il faut
« donc modifier la formule cartésienne et dire : je
« veux, donc je suis »[1]. D'après Maine de Biran,
comme d'après Leibnitz, être, au moins pour la
personne, c'est agir.

Mais, si l'effort est le ressort unique de toute
notre vie consciente, s'il constitue notre personnalité, s'il fait le fond de notre activité, rien n'est plus
fondamental ; c'est ce qu'il y a de primitif en nous,
on le peut conclure sans crainte d'erreur. D'autre
part, cet élément primitif est immédiatement donné à la conscience, c'est un fait : la chose n'est
pas moins certaine. Qu'il s'agisse d'un mouvement musculaire volontairement produit, d'un acte
d'attention ou d'une volition, il n'est pas moins
vrai que j'embrasse d'un même regard intérieur et
l'effet et l'acte qui le détermine, le résultat de
l'effort et l'effort lui-même[2]. Ainsi l'effort est vé-

[1]. *Fond. de la psych.*, P. I, sect. III, t. I, 205.
[2]. *Nouvelles Œuvres inédites, Rapports des sciences naturelles avec la psychologie*, § 2, 3.

ritablement le fait primitif dont il faut partir pour expliquer à la fois la science, l'âme et le monde.

D'où l'on peut voir l'erreur fondamentale de la doctrine sensualiste. Cette erreur consiste à tout expliquer par la passivité, lorsque la plus simple attention suffit à montrer que la passivité ne se conçoit pas même en dehors de toute activité. N'est passif que ce qui possède déjà un principe de résistance, c'est-à-dire l'activité.

*
* *

Il est aisé de voir le rapport d'un tel système avec la liberté : elle en fait le fond. Effort et liberté, c'est tout un [1]. Mais c'est là un point fondamental sur lequel Maine de Biran nous fournit de lumineuses considérations. Suivons-le encore à travers ses pénétrantes analyses; examinons avec lui la preuve de la liberté, le moment de son apparition, sa nature et son rapport avec la morale.

Si l'on a élevé des doutes sur l'existence de la liberté, si l'on est allé jusqu'à la regarder comme une illusion de la conscience, c'est qu'on a donné le pas à l'hypothèse sur le fait ; c'est que, par une méthode qui n'a rien de scientifique, on a voulu com-

---

1. *Œuvres in.él.*, t. I, p. 283.

prendre avant de constater ». On tend son esprit, « dit Maine de Biran, vers un possible qui dément « l'actuel, comme si le possible, qui est toujours « déduit de l'actuel, pouvait en aucun cas démentir « son origine »[1].

Mais, au fait, la liberté se révèle à nous et sans nuage. « Prise dans sa source réelle, elle n'est autre « chose que le sentiment même de notre activité « ou de ce pouvoir d'agir, de créer l'effort constitu- « tif du *moi* »[2]. Elle se confond avec le senti- « ment de notre existence. Descartes a dit : « Je me « sens exister ou je pense, donc j'existe réelle- « ment ; on dira de même, et avec une évidence « du même ordre de primauté : Je me sens libre, « donc je le suis ». Être et être libre, pour une personne, ne font qu'un.

Maine de Biran donne parfois de la liberté une preuve moins fondamentale et qui tient de moins près à son système, mais qu'il est bon de signaler à cause de l'emploi presque exclusif qu'on en fera plus tard. Quand nous produisons un acte libre, non seulement nous le saisissons en lui-même, mais nous sentons aussi le pouvoir de faire autrement ;

---

1. *Fond. de la psych.*, t. I, sect. II, ch. II, p. 287.
2. *Fond. de la psych.*, part. I, sect. II, ch. IV, p. 284, 285.

et, aux yeux du célèbre psychologue, ce sentiment du pouvoir qui ne s'exerce pas dans le cas donné n'est autre chose que le souvenir d'un acte antérieur où notre liberté s'est déjà manifestée[1].

La liberté est enveloppée dans le fait primitif lui-même ; partant elle a, comme ce fait, son heure de paraître. D'abord, elle ne se montre pas dans la vie purement instinctive. Dans cette vie, les mouvements procèdent d'affections agréables ou douloureuses, qui n'ont elles-mêmes qu'une cause à peu près inconnue. Les premiers rudiments de l'intelligence y font défaut ; par là même la liberté n'y trouve pas de place. C'est ainsi qu'il n'y a rien que de fatal dans les premiers cris et gestes du nouveau-né.

La liberté n'existe pas non plus dans la vie spontanée, dont les mouvements ne procèdent plus seulement d'affections agréables ou douloureuses, mais de représentations qui déchaînent le désir et par le désir le mouvement ; car le désir n'est pas le vouloir ; ces deux choses ont des caractères essentiellement différents. Le désir produit fatalement son effet ; le propre du vouloir est de choisir[2].

---

1. *Fond. de la psych.*, t. II, *Résumé*, p. 471.
2. *Lettre à Ampère*, citée plus haut.

Le désir s'étend à la fois au possible et à l'impossible ; le vouloir s'arrête à ce qui semble réalisable. Le désir est un mode essentiellement mixte : il se compose d'action et de passion ; même quand il est le plus pur, il a des affinités profondes avec les organes les moins nobles. Qu'on se souvienne, par exemple, des effets ordinaires du mysticisme que ne modère plus une ferme raison. Le vouloir est un acte simple et pur de tout commerce fatal avec l'organisme, qui ne dépend que de la raison où il prend sa loi. Dans le désir, ce sont les organes qui s'approprient l'âme ; dans le vouloir, c'est l'âme au contraire qui s'approprie les organes. Enfin, le désir, alimenté par la passion, tend à obscurcir l'intelligence ; le vouloir lui fournit comme une source inépuisable de lumière.

La liberté, par conséquent, n'apparaît qu'avec la vie de l'entendement : alors seulement nous pouvons enrayer le cours des désirs, peser les motifs, donner notre préférence [1].

La liberté apparaît avec la raison. Mais au fond qu'est-elle ? Sur ce point, Maine de Biran a une théorie que rien ne fait attendre. La liberté, pour Maine de Biran, ne consiste pas dans le choix de telle ac-

---

1. *Vie humaine*, p. 482.

tion. Le choix est déterminé par les motifs. Partant, la liberté ne peut être que l'acte par lequel le *moi* oppose aux désirs sensibles le contrepoids de l'intelligible. Nous avons, d'après Maine de Biran, le pouvoir d'évoquer les motifs et de les faire disparaître, de les agrandir et de les rapetisser ; nous avons le pouvoir de les faire nôtres, et c'est tout. Les motifs parvenus à leur dernière étape, l'action est fatale ; et en cela Maine de Biran se rapproche du déterminisme de Leibnitz, après avoir posé les fondements d'une théorie de la liberté qui lui donnait pour domaine la personne humaine tout entière.

Sur les rapports de la liberté et de la morale, Maine de Biran n'a que quelques considérations éparses. Sa pensée, c'est que l'exercice répété de la réflexion, qui, à son sens, constitue la liberté elle-même, transforme la loi du devoir en une heureuse contrainte. Au bout d'un certain temps de lutte, l'effort disparaît ; nous parvenons à faire l'œuvre de la vertu comme l'abeille son alvéole d'or, et là se trouve la principale sanction du bien [1].

---

[1]. On lira avec intérêt, sur l'effort libre, dans Maine de Biran : 1° le savant et spirituel ouvrage de M. Alexis Bertrand, intitulé *la Psychologie de l'effort* (1889) ; 2° la seconde partie de la thèse de M. Gérard *sur la philosophie de Maine de Biran* ; 3° *Maine de Bi-*

Telles sont, croyons-nous, les grandes lignes de la théorie de Maine de Biran sur la liberté : on l'a comprise, quand on a saisi la nature de l'effort : c'est la raison pour laquelle j'ai longuement insisté sur la notion qu'il s'en est faite. L'effort, voilà le point central de son système, voilà surtout ce qui donne la clef de sa philosophie de la volonté.

Cette théorie constitue un progrès considérable en psychologie. Maine de Biran a vu très nettement qu'il ne faut pas partir du possible pour aboutir au réel, que la seule méthode scientifique est de constater d'abord. De plus, il a remarqué avec justesse que l'activité fait le fond de notre être; que cette activité devient liberté dès qu'elle s'élève à la réflexion, à la conscience d'elle-même. Enfin, il n'a pas songé, comme Descartes, à loger l'âme dans la glande pinéale. Personne, après Aristote, n'a senti plus vivement que lui l'intime rapport du physique et du mental.

Ces idées, nous les recommandons à la bienveillante attention des physiologistes : ils risquent d'y trouver un heureux correctif à leurs étroites hypothèses.

ran, esquisse d'une psychologie religieuse et morale, par E. Murisier. Ce dernier et nouvel ouvrage fait partie de la réaction morale qui s'affirme de plus en plus.

II

C'est de sa pensée que Maine de Biran tira peu à peu tout son système. V. Cousin excella surtout à dire la pensée d'autrui. Ce fut un puissant vulgarisateur. Jeune encore, il entreprit la publication d'ouvrages inédits de Proclus. Plus tard, il donna aussi quelques analyses des commentaires, également inédits, d'Olympiodore sur divers dialogues de Platon, une traduction complète de Platon lui-même ; des éditions de Descartes, d'Abélard, de Maine de Biran, etc... De plus, c'est à ses encouragements que l'on doit toute une longue série de publications destinées à jeter la lumière sur les différentes périodes de l'histoire de la philosophie. On en peut voir l'énumération dans le rapport sur la philosophie en France au XIXe siècle [1].

Ainsi, V. Cousin détermina un vaste mouvement intellectuel, dont la direction fut principalement historique ; et c'est là son plus beau titre de gloire. Toutefois, ce serait commettre une erreur de ne voir en V. Cousin qu'un érudit. Il eut aussi son idée personnelle, et c'est pour la faire valoir qu'il entre-

---

1. M. F. Ravaisson, II, 19.

prit et fit entreprendre tant de publications diverses. V. Cousin fut le fondateur d'une école qui porte le nom d'éclectisme. Autrefois, le néo-platonisme avait voulu réunir dans une harmonieuse synhèse les principales théories qu'avait enfantées le génie grec. V. Cousin fit une tentative analogue, mais plus vaste. Il eut la pensée de grouper dans un seul système toutes les doctrines que les différents pays et les différents temps ont jamais produites. 1º Il n'y a, croyait-il, qu'une source de toute science, qui est la raison : car, comme il n'existe qu'une vérité, impersonnelle, absolue, il faut aussi qu'il n'existe qu'une pensée fondamentale, qui circule à travers l'univers entier et qui est le fond de notre entendement. 2º Cette raison, qui est identique chez tous les êtres raisonnables, par là même dans tous les hommes, n'entre pas d'un coup en pleine possession de la pleine vérité ; c'est là un idéal vers lequel elle s'achemine lentement, en vertu d'un principe intérieur de développement et sous forme de conceptions fragmentaires, jusqu'au jour où, ces conceptions venant à se concentrer dans un foyer commun, la vérité se révèle dans toute sa lumière. 3º Bien que naturellement soumise à la loi de l'évolution, la raison n'en possède pas moins, dès le début et à travers toutes les vicissitudes de son développement cet ensemble de vérités qui intéresse la destinée et la conduite humaines. Que l'on s'interroge soi-même ou que l'on consulte l'histoire qui n'est qu'une sorte de psychologie en acte, on trouvera toujours au fond de la conscience humaine une croyance indéracinable au devoir, à Dieu, à l'immortalité. Cette triade de vérités, autour de laquelle tout le reste vient se grouper, peut varier en intensité ; elle ne disparaît jamais, elle ne peut disparaître. 4° Si telle est la raison, si telle est la loi de son développement, il n'y a pas d'erreur au sens absolu du mot ; il n'y a que des grossissements de vérité ; et c'est là une vue de l'esprit que l'expérience vient confirmer. Qu'on regarde au fond de toute doctrine, de tout mouvement intellectuel, on y trouvera toujours, à l'origine, un fait ou un principe incontestable. Descartes part de la distinction de l'étendue et de la pensée. Spinoza de la substance, Leibnitz de l'activité ; et ce sont là autant de données indiscutables.

L'erreur n'apparaît donc qu'à travers la trame des systèmes. C'est une exagération ; elle consiste à prendre pour le tout ce qui n'en est qu'une partie. L'erreur a une âme de vérité. En outre, si la raison est la source unique et permanente de toute science, il n'y a pas de doctrine qui n'en dérive, et par là même la question d'une révélation surnaturelle ne se pose pas. Les religions ne peuvent être que des formes particulières de l'évolution de la pensée humaine, formes enfantines où l'imagination et la sensibilité jouent un rôle prépondérant, où l'idée n'apparaît qu'à travers le voile des mythes, et qui par là même sont destinées à s'évanouir pour faire place au règne exclusif de la pure raison.

Telle fut l'idée maîtresse, l'idée inspiratrice de V. Cousin. C'est là ce qui explique sa division des systèmes philosophiques en quatre classes : le scepticisme, le sensualisme, l'idéalisme, le mysticisme [1] ; il fallait les réduire le plus possible, afin de mieux discerner ce qu'ils ont de vrai. C'est là ce qui rend compte et de son dédain pour le scepticisme, qui nie la raison ; et de sa longue réfutation du sensualisme, qui ne s'élève pas jusqu'à l'intelligible ; et de son mépris pour toutes les formes du christianisme, où il ne vit jamais qu'une chimère, excepté peut-être vers la fin de sa vie ; et de sa préférence marquée pour l'idéalisme, dont Platon et Descartes sont à ses yeux les deux principaux représentants.

---

1. *Cours d'hist. de la phil.*, III, XIIIe leçon. Éd. Didier.

Comment V. Cousin, parti de cette idée, parvint-il à formuler son système philosophique ? C'est une question que nous ne pouvons développer ici. Mais on s'en rendra compte par l'exposition que nous allons faire de sa théorie de la liberté.

.·.

Pour V. Cousin, comme pour Maine de Biran, la liberté est un fait de conscience. Mais ce fait, il a sa manière de l'entendre. A ses yeux, il y a trois phénomènes qui résument toute notre vie : sentir, penser, agir. Or la liberté ne se trouve ni dans la sensation, que je subis ; ni dans la pensée, à laquelle je ne saurais rien changer : je ne puis pas ne pas juger que deux et deux font quatre ; ni dans cette catégorie d'actions ou que je ne sens pas, comme certains mouvements intestins de mon corps, ou que l'âme ne fait qu'accompagner de sa conscience sans pouvoir y rien changer. La liberté se révèle uniquement, mais avec une lumière indéniable, dans ces actions d'un ordre plus élevé que j'ai conscience de faire et de pouvoir ne pas faire, que je puis à mon gré commencer ou négliger, continuer ou abolir. Par exemple, je puis, à l'état normal, mouvoir mon bras ou ne le pas mouvoir, ouvrir ce livre ou ne pas l'ouvrir, lire ce qu'il contient ou ne le pas lire, prendre telle décision ou ne pas la prendre. A côté des phénomènes qui n'arrivent pas jusqu'à la conscience et des phénomènes que la conscience perçoit sans y rien pouvoir de plus, il y a des phénomènes que je produis avec le sentiment de pouvoir ne les pas produire : et c'est là ce qu'il faut entendre par actes libres, c'est là que se manifeste la liberté.

Outre la possibilité du parti que nous ne choisissons pas, avons-nous aussi conscience du parti que nous prenons? saisissons-nous l'acte libre en lui-même et sur le vif, au moment où il sort des profondeurs de l'être ? Cette question, V. Cousin ne la pose pas, et sa méthode ne permet guère de lui donner une solution affirmative ; car c'est un principe de sa philosophie que la conscience n'atteint que les phénomènes. Il est sur ce point de l'école de Royer-Collard et de Dugald Stewart. Si l'on essaye de le contraindre à une explication plus satisfaisante, il se rabat sur la croyance universelle du genre humain, sur le rapport essentiel de la liberté soit avec la responsabilité qui caractérise la personnalité humaine, soit avec la loi morale qu'il faut absolument maintenir [1].

---

[1]. *Hist. de la phil. au XVIIIe siècle*, xxve leçon.

Ainsi, Cousin ne voit et ne veut voir que les preuves dérivées de la liberté. Il se contente d'en montrer le rayonnement à travers notre activité. Il ne la cherche point dans sa source primitive, comme Maine de Biran. Aussi sa démonstration sera-t-elle bientôt tenue pour banale, superficielle, insuffisante. Comme c'est en lui que se personnifie principalement l'effort spiritualiste en notre siècle, on dira, en critiquant ses raisons, que la liberté n'est pas démontrée, qu'elle n'est pas démontrable ; et l'on passera au déterminisme qui, se revêtant pour se rajeunir d'un certain apparat scientifique, exercera partout une profonde et funeste influence.

*
* *

La liberté est un fait de conscience, mais conclu plutôt que perçu (je laisse ici subsister les indécisions de la doctrine). De plus, la liberté n'est pas le fait primitif, comme l'a cru Maine de Biran. « La ré-« flexion ou la liberté est sans doute le plus haut « degré de la vie intellectuelle, dit Cousin ; la li-« bre réflexion constitue seule notre véritable exis-« tence personnelle ». Mais que le point de vue réflexif présuppose un point de vue antérieur, c'est ce que l'observation suffit à mettre en lumière.

La réflexion est une opération essentiellement rétrograde. Nous ne débutons pas par la réflexion, car réfléchir c'est distinguer, et distinguer c'est nier ; pour nier, il faut avoir affirmé donc tout jugement négatif, distinctif, réflexif, présuppose un jugement antérieur, affirmatif, complexe et indistinct. « Avant « de nous poser, nous nous trouvons ; avant de vou- « loir nous apercevoir, nous nous apercevons ; « avant d'agir librement, nous agissons spontané- « ment. L'action libre suppose la connaissance plus « ou moins nette du résultat qu'on veut obtenir [1] ». En d'autres termes et pour résumer en deux mots cette argumentation assez serrée, la liberté ou réflexion ne peut être le fait primitif : 1° parce qu'elle se traduit par un jugement négatif ; 2° parce qu'elle suppose, comme objet, des données directement conscientes. Il y a donc quelque chose d'antérieur à la réflexion et qui est la spontanéité [2]. Mais qu'est-ce que la spontanéité ?

L'intelligence a dû avoir son premier fait ; « elle a dû avoir un certain phénomène dans lequel elle s'est manifestée pour la première fois ». Et dans ce phénomène la volonté libre, la réflexion n'a pris

---

1. *Fragm. du premier et du dernier fait de conscience.*
2. *Fragm. du premier fait de conscience.*

aucune part : il s'est produit en nous sans nous en vertu de l'énergie naturelle de l'esprit ; il s'est produit sous forme d'affirmation, antérieurement à toute autre donnée. « Tâchez de vous surprendre pensant sans l'avoir voulu, vous vous retrouvez ainsi au point de départ de l'intelligence ; et là vous pouvez aujourd'hui avec plus ou moins de précision observer ce qui se passa et dut se passer nécessairement dans le premier fait de votre intelligence, dans ce temps qui n'est plus et ne peut plus revenir [1] ». Le fait primitif, ce n'est pas la liberté, c'est l'éveil de la conscience de l'être dans l'être.

Que renferme ce fait ? Tout ce qui sera jamais connu plus tard, bien que dans une synthèse où le clair et l'obscur sont mêlés ; car la réflexion ne crée rien, elle ne fait qu'analyser le contenu de la conscience spontanée. Le fait primitif enveloppe à la fois, bien que d'une manière implicite, le limité et l'illimité, le relatif et l'absolu, le fini et l'infini [2] : Il donne du même coup le *moi*, le monde, Dieu.

Il donne le *moi* d'abord. La chose est évidente ;

---

1. *Introd. à l'hist. de la phil.*, leç. VI.
2. *Fragm. du premier et du dernier fait de conscience.*

car c'est par lui et dans lui, c'est dans la conscience de nos premiers états que tout le reste nous apparaît. Le même fait enveloppe aussi le monde extérieur : car quel est celui qui, sur le témoignage spontané de son intelligence, ne croit pas au monde comme à lui-même ? Et cette croyance se fonde en réalité sur une perception confuse du principe de causalité. Il faut à nos représentations extérieures une raison explicative ; il n'y a pas seulement des intuitions, il y a des jugements instinctifs. Enfin, le fait primitif nous donne Dieu lui-même et sous plusieurs aspects à la fois. D'abord, n'est-il pas clair que la vérité est absolue, indépendante de notre raison ? N'est-il pas clair que la vérité est universelle, identique pour toutes les intelligences ? « Qui a jamais dit : ma vérité, notre vérité » ? N'est-il pas clair que la vérité est nécessaire et par là même éternelle, immuable ? Dépend-il de moi, dépend-il de quelqu'un que l'essence du cercle ou celle du triangle ne soit plus ce qu'elle est ? Mais, si la vérité est à la fois une, nécessaire, éternelle, immuable, on ne peut y voir qu'une face de Dieu lui-même, un point de vue de l'intelligence absolue. De plus, « Leibnitz a dit : Il y a de l'être dans toute pro-
« position. Or une proposition n'est qu'une pensée
« exprimée, et dans toute propostion il y a de l'ê-

« tre, parce qu'il y a de l'être dans toute pensée.
« Mais l'idée de l'être, à son plus bas degré,
« implique une idée plus ou moins claire, mais
« réelle, de l'être en soi, c'est-à-dire de Dieu [1] ».

Dieu se révèle dans la vérité que nous pensons : cette vérité, c'est lui. Il se révèle également dans la pensée elle-même, et de deux manières : d'abord, notre raison est véritablement distincte de nous-mêmes ; prise en soi, en tant que conscience de la vérité, « la raison n'a aucun caractère de personnalité et de liberté ». Elle est une, nécessaire, éternelle, immuable, comme la vérité qu'elle contemple ; car objet et pensée ne font qu'un. La raison et les choses sont radicalement identiques [2]. De plus, penser, c'est savoir qu'on pense, c'est se fier au principe de la pensée, c'est croire à l'existence de ce principe. L'être de la pensée implique Dieu, au même titre que l'être de la vérité. Ainsi, la raison enveloppe Dieu dans la première et la plus rudimentaire de ses affirmations. « Il n'y a pas d'athéisme naturel ».

Mais alors, comment expliquer les erreurs des penseurs et des peuples sur l'existence et la nature de la divinité ? Ce fait, répond Cousin, a deux causes principales. Il est naturel à toute intelligence de

1. *Introduc. à l'hist. de la philos.*, lec. VI.
2. *Ibid.*

n'avoir qu'un point de vue, et de croire en même temps que ce point de vue enveloppe l'univers entier : de là des exagérations. De plus, l'erreur se glisse presque invinciblement dans le travail de l'analyse, parce que l'analyse n'aboutit qu'à une énumération incomplète des éléments des choses.

Cousin voit une autre difficulté à sa solution. Comment admettre que la conscience spontanée soit le fait primitif? Elle l'est peut-être en réalité, mais non pour nous. La conscience spontanée s'évanouit nécessairement, quand nous essayons de l'observer. A cette objection subtile Cousin oppose une remarque assez profonde : « Selon moi, dit-il, on ne
« peut saisir le point de vue spontané qu'en le pre-
« nant pour ainsi dire sur le fait, sous le point de vue
« réflexif, à l'aurore de la réflexion, au moment pres-
« que invisible où le primitif fait place à l'actuel, où
« la spontanéité expire dans la réflexion [1] ». Il y a continuité des données de la conscience spontanée à travers la conscience réfléchie.

Triomphant de ses découvertes sur le fait primitif, le chef de l'éclectisme reproche à Maine de Biran « d'avoir passé à côté de la raison ». Mais on sait aujourd'hui que Maine de Biran ne s'en est point tenu à l'analyse qu'il avait d'abord donnée de l'ef-

---

1. *Fragm. du premier et du dernier fait de consc.*

fort libre et où il ne parlait pas de Dieu. Il a écrit ces paroles, qui contiennent la pensée même de Cousin : « L'infini, l'éternel est donné à notre âme, comme « elle est donnée à elle-même quant au fond de son « être. Avec la perception de la personne ou le fait « primitif de la conscience commence le détermi- « né, le fini, qui est conçu ou représenté par la limi- « tation dans l'infini ». Il y a chez Maine de Biran une philosophie du relatif; cette philosophie, en évoluant, a rencontré l'absolu.

*
**

Rapprochons-nous du centre de la question. La liberté n'est pas le fait primitif. Mais, du moins, la liberté, telle que la conscience la saisit, contient-elle la notion de *cause*, comme l'a cru Maine de Biran ? Sur ce problème pourtant capital, la pensée de Cousin ne nous semble pas très nette. Essayons de la démêler.

A considérer la méthode qu'il a toujours suivie, on est contraint de croire que la conscience, d'après lui, ne dépasse pas les phénomènes. Pour la méthode, en effet, il reste disciple de Locke ; il marche à la suite de Reid, Stewart et Royer-Collard : son sentiment arrêté est qu'au dedans, comme au dehors, nous n'atteignons que des phénomènes ; c'est par l'induction, et par l'induction toute seule, que nous nous élevons des faits à la connaissance de l'âme, de la matière, de Dieu. « Il n'y a rien de plus sous « l'idée de matière, dit-il, que la collection des qua- « lités sensibles, plus l'existence du sujet d'inhé- « rence de ces qualités ; il n'y a rien de plus sous « l'idée d'esprit que la collection des phénomènes « de conscience, plus l'existence d'un sujet dans « lequel ces phénomènes coexistent [1] ». Et cette existence d'un sujet des modes psychiques, ce n'est pas la conscience qui la saisit en elle-même : elle est le résultat d'une induction ; nous la concluons.

Malgré cette opinion à la fois formelle et persistante, lorsque Cousin vient à l'appréciation de Maine de Biran, il finit par être de son avis : « Quand on analyse attentivement, dit-il, ce phéno- « mène de l'effort, que Maine de Biran considère « comme le type des phénomènes de la volonté, « voici ce qu'il donne : 1° la conscience d'un acte « volontaire ; 2° la conscience d'un mouvement « produit ; 3° un rapport du mouvement à l'acte « volontaire. Et quel est ce rapport ? Évidemment, « ce n'est pas un simple rapport de succession. Ré- « pétez en vous le phénomène de l'effort, et vous re-

---

[1]. *Cours d'hist. de la phil.*, xxve leçon.

« connaîtrez que vous attribuez tous, avec une con-
« viction parfaite, la production du mouvement
« dont vous avez conscience à l'opération volon-
« taire antérieure, dont vous avez conscience aussi.
« Pour vous, la volonté n'est pas seulement un
« acte pur sans efficacité, c'est une énergie produc-
« trice : de sorte que là vous est donnée l'idée de
« cause... Telle est la pensée de Maine de Biran.
« Je l'adopte, dit Cousin ». Mais alors ne se met-il
pas en contradiction avec sa propre méthode, dont le
trait essentiel est d'être purement expérimentale?
C'est ce qui paraît à première vue ; cependant il
n'en est rien, à mon avis du moins : car l'effort voulu, pris en lui-même, n'est qu'un fait ; mais ce fait
est d'une nature à part. Il enveloppe dans son contenu deux éléments essentiels, l'un et l'autre empiriques : un effet et l'acte qui le produit.

Quoi qu'il en soit de cette question, V. Cousin se
sépare nettement de Maine de Biran, lorsqu'il s'agit
de s'élever de la conscience de la cause au principe
de causalité lui-même. Il y a là un abîme, dont le
chef de l'éclectisme a sondé la profondeur. L'effort
que je fais pour mouvoir mon bras, est quelque
chose de particulier, par cette raison très simple
que ce fait est tout personnel. Cette volonté pro-
ductrice, elle est mienne ; par conséquent c'est

une volonté particulière et déterminée ; ce mouvement que je produis, est mien ; par conséquent il est particulier et déterminé. Or le principe de causalité est quelque chose qui me dépasse, qui déborde toute expérience ; le principe de causalité est universel. De plus, l'effort que je produis et sens tout à la fois, est contingent de sa nature ; il est d'une intensité variable, il pourrait ne pas exister. Or le principe de causalité a quelque chose de nécessaire, par là même d'immuable. Comment notre esprit s'élève-t-il du particulier à l'universel, du contingent au nécessaire, du relatif à l'absolu, du fait au principe ? Voilà ce qu'il fallait dire et ce que Maine de Biran n'a pas dit. Il n'a pas remarqué que, si les deux termes d'un effort donné sont particuliers et contingents, il en va tout autrement de leur rapport, qui n'a plus rien que d'universel et de nécessaire ; il n'a pas observé qu'en même temps que la conscience saisit ces deux termes, la raison découvre le rapport qui les lie, et que, par une abstraction immédiate, elle en dégage le contenu logique.

« Et ce que je viens de dire du principe de cau« salité, ajoute Cousin, on le peut dire de tous les
« autres principes. En général, l'abstrait nous est
« donné dans le concret, l'invariable et le néces-

« saire dans le relatif et le contingent, la raison
« dans les sens et la conscience ». Il y a deux aspects à la nature : l'un particulier, l'autre universel ; l'un mobile, l'autre immuable ; l'un contingent, l'autre nécessaire. Ce sont les sens et la
conscience qui nous révèlent le premier ; c'est la
raison qui pénètre jusqu'au second. Mais tout cela ne fait qu'une même nature [1].

.·.

La liberté est un fait, et nous avons vu dans quel
sens. Mais en quoi consiste-t-elle au juste ? Quelle en est la nature ?

Sans doute, on peut dire qu' « un être est libre,
« lorsque le principe de ses actes est en lui-même et
« non dans un autre être, lorsque l'acte qu'il produit
« est le développement d'une force qui lui appartient
« et qui n'agit que par ses propres lois [2] ».

Mais la liberté, ainsi entendue, n'est pas la liberté
qui fonde notre existence personnelle ; ce n'est pas
la vraie liberté. Un acte libre, au sens précis du mot,
c'est « celui qu'un être produit parce qu'il a voulu

1. *Cours d'hist. de la phil.*, XIXᵉ leçon.
2. *Fragm. du premier et du dernier fait de conscience.*

le produire ». Que renferme un tel acte ? Tout d'abord, c'est un acte qu'on pouvait ne pas faire ; partant, c'est un acte qu'on a préféré. Mais, pour préférer, il faut avoir un but connu et des raisons qui nous poussent à sa recherche. De plus, les raisons elles-mêmes, il faut les apprécier ; après les avoir appréciées, conclure quel est le parti le plus sage ; enfin, prendre une résolution et agir. En d'autres termes, tout acte libre qui s'achève dans le mouvement, suppose six éléments : 1° la connaissance d'un but ; 2° la perception des motifs ; 3° la délibération ; 4° la conclusion par laquelle on se dit à soi-même : Il est raisonnable de prendre tel parti ; 5° la résolution de passer à l'action extérieure : 6° l'action extérieure elle-même. Mais c'est l'intelligence qui perçoit le but ; c'est l'intelligence qui découvre les motifs, les pèse et en déduit la conclusion la plus sage. Les quatre premiers éléments relèvent de l'intelligence. Quant à l'action extérieure, elle ne dépend pas de nous, comme la maladie se charge de nous le démontrer. Nos muscles ne nous obéissent qu'à l'état normal. Partant l'action extérieure n'est pas un élément de l'acte libre, comme l'ont affirmé Hobbes, Locke, et après eux Maine de Biran. L'acte libre se réduit à la résolution [1].

---

1. *Cours d'hist. de la phil.*, XXV° leçon.

Cette théorie nous fait-elle avancer ? Oui, et à différents points de vue, malgré les banalités oratoires qu'elle contient. Cousin a raison de faire observer : 1° qu'il y a quelque chose d'antérieur à la liberté, savoir la spontanéité ; 2° qu'il ne suffit pas, pour expliquer la causalité, de constater en nous le sentiment d'une cause ; 3° que le logique et le réel, le contingent et le nécessaire sont en un sens deux aspects d'une même réalité, et que c'est dans le concret que notre entendement découvre l'abstrait. Ce sont là autant de vues heureuses et qui ont une grande portée. Cousin précise et complète Maine de Biran.

III

De V. Cousin passons à Jouffroy, le plus célèbre de ses disciples. Arrêtons-nous devant cette figure à la fois noble et méditative. C'est l'une des plus attachantes de notre siècle. Comme Pascal, Jouffroy se voit sur le bord d'un abîme. Le doute l'envahit, et c'est une perspective qui le remue jusqu'au fond de son être. De là ce quelque chose de hâtif, de douloureux et de tendu qu'on remarque à travers tous ses écrits. Il va au principal, et avec une perpétuelle angoisse. Sa pensée se déroule comme un drame qui commence dans le temps et ne doit avoir son dénouement que dans l'éternité.

Pour Jouffroy, comme pour Cousin, la liberté n'est pas « le pouvoir de faire », mais « le pouvoir de vouloir »[1]. Son acte essentiel est la résolution, non l'exécution. Toutefois, c'est là une affirmation à laquelle il ne faut pas attacher un sens trop étroit. Jouffroy ne sépare pas la résolution de la délibération qu'elle suppose : de telle sorte qu'à ses yeux, tout jugement, toute réflexion, tout acte d'attention est un effet de la liberté. Cependant, rien ici qui mérite qu'on s'y arrête longtemps. C'est sur les autres

---

1. *Système de la nécessité*, IVe leçon.

aspects de la question que son originalité se révèle avec le plus d'éclat. Il a dit qu'à son époque la philosophie était dans un trou où l'on manquait d'air [1]. De ce trou, que lui avaient creusé ses devanciers, il a su sortir par la puissance d'un effort tout personnel. Il se place encore au point de vue psychologique; mais de ce point de vue son regard embrasse des horizons nouveaux. Il élargit la démonstration de la liberté; il s'attache à la défendre contre les objections qui lui viennent, soit de la psychologie elle-même, soit de la métaphysique; il en esquisse l'idéal moral avec un rare bonheur.

Jouffroy admet les preuves dérivées que Cousin a données de la liberté. D'après lui, qui nie la liberté, nie par là même et la responsabilité et la loi morale. Et sur ce point il est catégorique: ces trois choses sont essentiellement solidaires dans son esprit. Il affirme aussi, comme son maître, que nous avons conscience de pouvoir faire autrement que nous ne faisons. Mais de plus, il reprend la pensée de Maine de Biran, et lui donne une ampleur et une force toutes nouvelles. A ses yeux, Maine de Biran est parti d'un fait incontestable. Si les causes qui animent la nature extérieure « échappent entièrement à

---

1. *De l'Organisation des sciences.*

« l'observation, il en va tout autrement de la cause
« intérieure, où circule la pensée. Quand une pierre
« tombe, je vois le phénomène ; puis, ma raison me
« force de croire qu'il a une cause ; puis, je donne
« un nom à cette chose qui m'échappe, voilà tout ».
Mais quand je remue le bras, il se passe autre chose assurément. Au moment où le phénomène a lieu, j'ai conscience à la fois et de l'action qui se produit et de l'énergie qui la produit. Je saisis dans une seule et même aperception un effet donné, sa cause et la production de l'un par l'autre : je m'appréhende moi-même en tant que pouvoir actif. De plus, ce pouvoir actif m'est révélé comme identique à mon être personnel ; c'est moi tout entier. Dans l'effort voulu se trouve une énergie causale, dans cette énergie l'âme elle-même, et la conscience enferme tout cela dans une seule intuition.

Mais c'est s'arrêter trop tôt dans ses investigations que de limiter à ce fait, si fécond soit-il, les données directes de la conscience. Il faut aller plus loin. On s'est habitué depuis longtemps à diviser les phénomènes psychologiques en deux classes : il est en quelque sorte convenu qu'il y a des faits exclusivement actifs et d'autres qui sont exclusivement passifs. Cette division n'est fondée qu'en apparence. On trouve de l'activité dans tous les modes de

l'âme.« L'âme n'éprouve des sensations, c'est-à-dire
« n'est modifiée, que parce qu'elle est une cause et
« une cause en action. Un être inerte ne saurait sen-
« tir, une cause seule le peut, car sentir est le fait
« d'une force contrariée ou secondée dans son déve-
« loppement, et qui en a conscience; en sorte que,
« si l'âme cessait d'agir, elle deviendrait incapable
« de toute action »[1]. En d'autres termes, l'activité
ne se manifeste pas seulement dans la liberté,
et par la liberté dans l'attention que nous prêtons
soit à nos idées soit à nos représentations con-
crètes. L'activité est le fond de la sensation la
plus passive en apparence : de telle sorte qu'il ne
faut plus seulement dire avec Maine de Biran :
être, pour une personne, et agir ne font qu'un; il
faut ajouter, pour exprimer toute la vérité : conscience et action sont choses identiques. Mais, si telle
est la nature de la conscience, il n'est pas d'état
si passif qui n'enveloppe encore un sentiment
d'énergie causale ; il n'est pas d'état si passif qui
ne contienne le *moi* tout entier. Tous nos modes
psychiques, quels qu'ils soient, qu'ils commencent
par le dedans ou par le dehors, nous donnent
nous-mêmes à nous-mêmes, en tant que sujets pen-
sants.

1. *Distinction de la psychologie et de la physiologie.*

Tout n'est pas là. Il reste encore des conquêtes à faire sur le domaine du phénoménisme. La trame des modes psychiques ne s'interrompt pas ; nous ne cessons, nous ne pouvons cesser un seul instant d'agir et de sentir ; chacun de nous reste donc perpétuellement conscient de lui-même à travers le flux incessant de la vie. Ainsi, je me sens non seulement un à travers la multiplicité de mes états, mais encore permanent à travers leur succession. Chacun de nous est à l'égard de ses modes comme un éternel présent. Unité, identité du sujet pensant : voilà par conséquent les vraies données de la conscience 1.

Dès lors, la preuve de la liberté fondée sur l'effort acquiert une force nouvelle. L'activité libre ne nous apparaît plus comme une sorte d'anomalie. ce n'est pas un saut brusque dans l'absolu. La loi générale de la conscience est de ne saisir aucun état du *moi* qui ne contienne et ne révèle une certaine spontanéité.

Jouffroy ne se contente pas de creuser les preuves de la liberté qu'il trouve dans le milieu ambiant. Il évoque de leur sommeil séculaire ces arguments généraux qu'on aimait à développer aux premiers âges de la psychologie et qui s'appuient sur la

1. *Distinction de la psychologie et de la physiologie.*

croyance universelle au mérite et au démérite, sur la coutume qu'ont eue les hommes de tous les temps et de tous les pays de faire des lois et d'y adjoindre des sanctions. Son esprit pénétrant entrevoit à travers ces raisons délaissées une idée qui leur rend leur valeur : cette idée, qu'il ne saisit d'ailleurs que vaguement, c'est que, dans la pensée de tous ceux qui parlent de mérite et de démérite, de lois et de sanctions, ces expressions impliquent l'idée de la liberté. Mais encore une fois, ce n'est que par intermittence que cette vue se révèle dans les développements du jeune philosophe. Il n'en saisit pas la vraie portée [1].

*
* *

Mais hâtons-nous de passer des preuves à la défense de la liberté. C'est par là surtout que Jouffroy se montre novateur.

La psychologie fournit les meilleurs, pour ne pas dire les seuls arguments qu'on puisse alléguer en faveur de la liberté. Et cependant de la psychologie elle-même on a tiré deux objections principales contre son existence, qui ont

---

1. *Système de la nécessité*, IVe leçon.

toujours vivement préoccupé les philosophes. La première consiste à dire que nous sommes fatalement déterminés par nos représentations. Ces représentations exercent sur nous une action véritable. D'autre part, elles varient en intensité : si bien qu'il se produit entre elles une sorte de lutte pour l'existence où la plus forte a toujours le dessus. Nous ne nous déterminons pas ; ce sont nos états de conscience qui nous déterminent. La seconde difficulté est plus radicale que la première ; car elle transporte le principe déterminant de nos représentations à notre caractère. Chacun de nous est né avec une certaine manière de penser, de vouloir, de sentir et d'agir. C'est de là que tout dérive, comme les mouvements d'un mécanisme sous l'action d'un ressort ; c'est là qu'est le principe fatal de toute destinée. La preuve en est que l'on prévoit d'autant plus sûrement les décisions d'une personne que l'on connaît mieux son caractère.

De ces difficultés, cependant si souvent formulées par leurs adversaires, les devanciers de Jouffroy ne se préoccupaient pas, étant tout entiers à la recherche du fait primitif. Jouffroy les prend à partie, et la réfutation qu'il en fait contient des idées heureuses qu'il faut signaler. D'abord, Jouffroy est profondément convaincu, comme

Maine de Biran lui-même, qu'il n'y a qu'une méthode véritablement scientifique : celle qui part des faits, et qui, les faits une fois dûment constatés, ne cherche jamais à les ajuster aux exigences d'une idée préconçue. L'expérience est primitive ; le reste n'a qu'une valeur dérivée, et par là même ne doit pas l'emporter. Armé de ce principe, Jouffroy répond à ses adversaires : Expliquez comme vous l'entendrez l'action de la représentation sur la volonté ; mais ne niez pas les données de l'expérience. La conscience proteste contre vos hypothèses : elle m'affirme avec une autorité sans réplique que, tout en cédant à tel motif, c'est-à-dire en prenant une résolution qui lui est conforme, j'ai complètement le pouvoir de ne pas la prendre [1].

Une autre pensée qui nous semble digne de remarque dans cette polémique de Jouffroy contre le déterminisme, c'est que, s'il y a une commune mesure entre les mobiles, c'est-à-dire entre les diverses impulsions de la sensibilité, il n'y en a pas entre les mobiles et les motifs. L'entendement a une façon d'apprécier les idées qui n'a rien d'analogue avec la conscience brute et fatale des impressions. On ne compare pas plus une idée à une sensation que l'on ne compare un cercle à un carré. Mobiles

1. *Système de la nécessité*, IVe leçon.

et motifs sont choses de tous points hétérogènes. Dès lors, il n'est plus sensé de dire que le motif l'emporte sur le mobile, ou le mobile sur le motif.

Enfin, nous ferons observer une troisième considération, qui a trait à l'influence déterminante du caractère. « Supposons, dit Jouffroy, un être qui
« soit parfaitement libre, c'est-à-dire un être qui
« ait le pouvoir de disposer de ses facultés, de les
« diriger, et, par conséquent, de gouverner sa
« conduite. Placez un être ainsi fait dans une cir-
« constance où il y aura deux partis à prendre,
« l'un qui lui sera évidemment funeste, l'autre
« avantageux, et donnez-lui l'intelligence nécessai-
« re pour le voir et pour le comprendre ; précisé-
« ment parce qu'il est libre, n'est-il pas très proba-
« ble et presque certain qu'il usera de sa liberté,
« c'est-à-dire du pouvoir qu'il a de gouverner sa
« conduite, pour choisir le parti avantageux et re-
« jeter le parti funeste ? Sans aucun doute. Ainsi
« il est libre, et l'on pourra former des conjectures
« très vraisemblables sur ses déterminations. Or,
« je vous le demande, toutes les conjectures sur la
« conduite de nos semblables ne sont-elles pas de
« la nature de celle que je viens de vous sou-
« mettre [1] » ? Ce n'est pas la liberté, prise *in con-*

---

1. *Système de la nécessité*, IVᵉ leçon.

creto, qui déjoue la prévision ; c'est la liberté séparée de son idéal immanent, et par là même réduite au pur caprice.

Des objections psychologiques Jouffroy passe aux objections métaphysiques elles-mêmes. Sur ce nouveau domaine, l'idée dont il s'inspire principalement, c'est que tout sytème qui nie la liberté doit être impitoyablement rejeté comme une funeste erreur ; car il faut sauver d'abord les principes qui intéressent la destinée humaine. Or, qui attaque la liberté, sape du même coup ces principes par leur base. De plus, on peut dire, en se plaçant au point de vue purement scientifique, que tout désaccord fondamental entre la théorie et l'action est un mauvais rêve. Entre la métaphysique et la morale, il y a quelque part un principe d'harmonie. Partant, toute philosophie qui attaque la liberté doit être tenue pour entachée de quelque vice secret, qu'il ne s'agit plus que de découvrir [1].

Fort de cette noble et profonde pensée, qui tient aux racines de son être moral, Jouffroy condamne successivement et sans aucune hésitation, avec la rigueur d'un mathématicien, et le septicisme qui, n'osant rien affirmer, n'affirme pas non plus la liberté; et le phénoménisme qui, en supprimant

---

1. Même pensée dans Schelling, *Philos. der offenbarung*.

tout sujet d'inhérence, ne laisse plus de place qu'au mécanisme des phénomènes ; et le mysticisme exagéré qui consiste à croire que l'homme ne peut réagir contre ses impulsions, bien qu'il ait un germe de liberté ; et surtout le panthéisme, sous quelque forme ingénieuse qu'il déguise ses colossales erreurs ; car, s'il n'y a qu'une substance, il n'y a par là même qu'un principe d'action. Nous n'agissons plus nous-mêmes ; c'est Dieu qui agit en nous. Nous ne sommes plus causes, et l'on voit sombrer à la fois liberté et personnalité.

Tout système qui implique l'universelle nécessité, est erroné par le fait. Mais alors comment l'omniscience de Dieu s'accorde-t-elle avec la liberté de l'homme ? Si Dieu est omniscient, c'est qu'il prévoit, et d'une manière infaillible, tous les actes que feront jamais tous les hommes. S'il les prévoit avec une telle sûreté, c'est qu'ils sont déterminés d'avance ; et s'ils sont déterminés d'avance, comment restent-ils encore libres ? Le propre d'un acte libre n'est-il pas d'être indéterminé ?

Jouffroy sent vivement ce que la difficulté a de pressant ; mais il ne se croit pas tenu d'y répondre. Notre savoir est borné, dit-il ; nous ne pouvons prétendre à l'explication de toute chose. A chaque pas, notre esprit s'arrête dans la science de la nature devant des *comment* qui resteront d'éternels mystères. A plus forte raison doit-il en être ainsi, lorsqu'il s'agit de Dieu. Nous connaissons la liberté, et c'est un des deux termes à concilier dans la question. Mais l'autre terme, Dieu, demeure pour nous l'être insondable. Tout ce que nous savons de lui, tout ce que nous connaissons de son intelligence en particulier, se fonde sur certaines analogies de notre savoir avec le savoir de l'Éternel. Mais jusqu'où va la justesse de ces analogies? C'est ce que nous ignorons, c'est ce que nous ignorerons probablement toujours. Dieu, pour nous, c'est l'abîme : il est inutile d'en vouloir pénétrer l'infinie nature.

Cependant, Jouffroy ne s'en tient pas à cette fin de non-recevoir. Il hasarde timidement une réponse. Nous avons une faculté qui nous révèle le présent, une autre faculté qui nous manifeste le passé et qu'on appelle la mémoire : à cela se bornent nos moyens de connaître. Pourquoi ne pas supposer en Dieu une faculté spéciale, dont le propre serait d'avoir l'intuition de l'avenir? Dès lors il serait facile de comprendre comment la science infinie de Dieu ne nuit pas à notre liberté. Une simple perception ne cause pas l'événement qui lui sert d'objet; elle en est, au contraire, l'effet, et le présuppose. Comme on le peut voir, cette explication n'est pas plus neuve que valable. C'est une réapparition de cette vieille hypothèse qui consiste à considérer l'intelligence divine comme coexistante à tout ce qui sera jamais aussi bien qu'à ce qui est. Évidemment, il n'y a là qu'un semblant de solution. Dieu ne peut voir comme étant ce qui n'est pas encore. Aussi Jouffroy ne réussit-il pas à s'y arrêter : la force de la logique l'entraîne plus loin. Il émet une idée qui reviendra plus tard sous la plume de M. Secrétan, et qui, pour être quelque peu hardie, ne manque pas de profondeur [1].

Si l'on parvenait, pense-t-il, à démontrer que la prescience divine est en contradiction absolue avec la liberté humaine, si l'on donnait à cette démonstration l'évidence d'une vérité mathématique, si l'on prouvait ce désaccord comme on prouve que deux et deux font quatre, dans cette hypothèse extrême, c'est la prescience divine qu'il faudrait consacrer. Pourquoi ? Pour le motif qui a déjà servi à la réfutation du déterminisme. La liberté est un fait ; la science divine n'est que le résultat d'une déduction, et de la plus laborieuse des déductions. La liberté nous est immédiatement donnée ; la science divine est conclue. La liberté est primitive ;

---

[1]. Même idée dans Stuart Mill, *Essais sur la religion*.

la science divine est dérivée. Mais alors, dira-t-on, Dieu n'est plus souverainement parfait. Cette conclusion est hâtive : l'intelligence divine, aussi bien que sa puissance, a pour limite nécessaire le contradictoire. Dieu ne peut réaliser un cercle carré ; il ne peut davantage prévoir ce qui de sa nature ne se prévoit pas.

*
* *

Jouffroy a des envolées métaphysiques qui sont étrangères à ses prédécesseurs. C'est un moraliste, et, pour lui, la morale plonge ses racines dans la science de l'âme et de Dieu. De là les préoccupations et les tressaillements que lui cause la pensée de l'au-delà. Toutefois, ce n'est pas en métaphysique, c'est en psychologie qu'il se meut avec le plus d'aisance et de bonne fortune. Voyez en effet avec quelle netteté il esquisse l'apparition et le développement de l'idéal auquel la liberté doit en fin de compte s'adapter tout entière.

Socrate, sur son lit de mort, avait un sourire de dédain pour ces philosophes de la vieille Grèce qui prétendaient fonder la science sur la causalité. L'homme, à son sens, n'avait qu'un moyen de découvrir les lois de la nature : c'était de se demander la fin qui semblait leur convenir. Jouffroy eut une pensée analogue et qui ne dut pas paraître beaucoup moins neuve au temps où il vivait. Nous avons déjà vu qu'il rompit avec l'école anglaise et la plupart de ses contemporains sur la valeur de la méthode psychologique. Il s'en sépara également sur un autre point qui n'a guère moins d'importance. A ces tenants de la méthode de Bacon qui l'entouraient et faisaient reposer tout le savoir sur la causalité, il vint dire qu'au moins en psychologie le principe dont il faut partir est la finalité.

Ce qu'il importe de connaître d'abord, c'est notre destinée, notre fin.

Cette fin, nous ne pouvons la déterminer que par l'examen de nos tendances : d'une part, la méthode est légitime, car il y a un ordre fondamental dans la nature ; d'autre part, tout autre procédé risquerait de ne pas aboutir.

Mais nos tendances ne nous sont point données avec la vie dans leur plein et harmonieux développement. Elles sont susceptibles d'évolution ; c'est peu à peu qu'elles s'épanouissent, à la façon des plantes et des fleurs. Par là même, les suivre à partir de leur apparition à travers les transformations que le temps leur apporte : telle est la première tâche de tout psychologue qui s'est rendu compte de sa mission. Et de là l'étude pénétrante que Jouffroy fait de l'évolution de la liberté, particulièrement de son idéal rationnel.

Au début de la vie, nous obéissons aux impulsions aveugles de la nature. Nous sommes le jouet des mobiles, dont l'action est fatale. C'est toujours la tendance la plus forte qui l'emporte. De là l'inconstance continuelle et infinie des enfants, cette mobilité qui « se peint dans leurs traits, dans leurs mouvements, dans leurs idées, et en fait à la fois la grâce et le caractère ».

Néanmoins, à travers la nécessité de cette vie primitive apparaissent déjà les premières lueurs de la liberté. Derrière les représentations qui mènent l'enfant à leur guise, il y a un fond de spontanéité c'est-à-dire un certain pouvoir de produire par soi-même l'action ou la série d'actions conformes au but proposé. Et c'est là ce que nous pouvons nous-mêmes saisir sur le vif, lorsque, en face d'un obstacle à surmonter, nous sentons nos forces dispersées se ramasser tout à coup et se concentrer sur un seul point. La présence de la fin provoque alors dans le sujet qui la perçoit un acte qui trouve en lui son principe, qui est déjà une ébauche de la liberté.

Cependant la liberté, entendue au sens absolu du mot, la liberté qui n'est pas seulement spontanéité, mais encore pouvoir de choisir, n'apparaît complètement qu'avec la raison elle-même, et, une fois apparue, se développe à sa suite. Que fait donc la raison à l'égard de la liberté ?

D'abord, elle s'aperçoit bien vite que les tendances de la nature, livrées à elles-mêmes, dépourvues de toute mesure et de toute prévision, s'y prennent fort mal pour aboutir à la plus grande satisfaction possible de l'individu. Il leur faut une discipline, et l'on passe ainsi de la morale du plaisir à celle de l'intérêt bien entendu. Mais là ne s'arrête point le rôle de la raison : à côté de l'intérêt, elle fait bientôt, par voie de généralisation, jaillir l'idée du bien lui-même. L'intérêt est le bien de l'individu, non le bien en soi. La raison, dont le propre est d'abstraire, ne tarde pas à remarquer que, de même qu'il y a du bien pour nous, il y en a pour toutes les créatures, quelles qu'elles soient ; qu'ainsi le bien particulier de chaque individu n'est autre chose qu'un élément du bien universel, de l'ordre absolu ; et cet ordre absolu lui apparaît comme obligatoire : c'est une loi. Dès lors, la liberté, qu'enchaînait d'abord l'activité brute des tendances, qui a trouvé dans l'intérêt bien entendu sa première expansion, est en face d'un idéal à la fois plus noble et plus compréhensif, celui de la réalisation du bien en nous et au dehors de nous, celui du respect de l'ordre universel, l'idéal du devoir.

Ainsi, liberté et raison s'éveillent au même moment et suivent une marche parallèle dans leur évolution solidaire, allant du bien de la tendance au bien de l'individu, du bien de l'individu au bien universel, du plaisir à l'intérêt, de l'intérêt au devoir. Et plus on monte dans cette hiérarchie de biens, plus on s'éloigne du monde des impulsions mécaniques, plus on s'en émancipe ; par là même aussi, plus la liberté tend à s'identifier avec l'ordre rationnel, avec le bien en soi. Ce qui est une ascension perpétuelle de l'âme vers la sainteté.

*
* *

Si maintenant nous essayons de réunir comme en un faisceau les idées qui nous ont le plus frappé dans cette courte esquisse, nous pourrons faire les remarques suivantes : 1º Jouffroy a montré d'une manière définitive, en complétant la pensée de Maine de Biran, que la conscience saisit à travers tous ses états, tant passifs qu'actifs, l'unité et l'identité du *moi*. 2º Il a été le premier des modernes à tenter une critique de l'idée de liberté. 3º Il a indiqué le rôle qu'il faut accorder à la finalité dans la science en général, particulièrement en psychologie. 4º Il a fait voir avec une rare netteté par quels degrés la raison s'élève à l'idée du bien en soi : sa pensée sur cette question capitale est assez synthétique pour montrer comment la morale de l'intérêt, et même celle du plaisir, peuvent trouver place dans la morale du devoir.

***

Nous venons de voir la théorie de Jouffroy sur la liberté. Mais cette théorie ne suffit pas par elle-même à donner une idée juste de la tendance et du développement intellectuel de ce philosophe. J'y ajoute quelques considérations. Jouffroy n'eut jamais la croyance facile. Sa conviction arrêtée fut toujours que la philosophie qui a posé tant de questions, n'en a résolu aucune. « La philosophie », dit-il dans sa leçon d'ouverture sur l'histoire de la philosophie ancienne en 1828, « comprend « un très grand nombre de problèmes différents, « qui ont été agités dans les temps anciens comme dans les temps modernes. Or, prenez un « quelconque de ces problèmes, vous trouvez que « ce problème est aussi peu résolu qu'il l'était

« du temps de Platon et d'Aristote ». Cette même pensée, Jouffroy la formule derechef dans l'*Organisation des sciences philosophiques*, dont il voulait d'abord faire la préface de l'édition des *Œuvres* de Reid. Cette pensée, il la reprend dans cette préface elle-même, qui est un des plus beaux écrits de ce profond psychologue (1836). Mais là on trouve une idée nouvelle, et qui attriste autant qu'elle surprend. Au doute *de fait*, Jouffroy ajoute le doute *de droit*. « Nous croyons, dit-il, c'est un fait.
« Mais ce que nous croyons, sommes-nous fon-
« dés à le croire ? Ce que nous regardons com-
« me la vérité, est-ce vraiment la vérité ? Cet uni-
« vers qui nous enveloppe, ces lois qui nous parais-
« sent le gouverner, que nous nous tourmentons à
« découvrir, cette cause puissante, sage et juste que
« sur la foi de notre raison nous lui supposons, ces
« principes du bien et du mal que respecte l'hu-
« manité et qui nous semblent la loi du monde mo-
« ral, tout cela ne serait-il pas une illusion, un rê-
« ve conséquent, et l'humanité comme tout cela,
« et nous qui faisons ce rêve, comme le reste ?
« Question effrayante, doute terrible, qui s'élève
« dans la pensée solitaire de tout homme qui réflé-
« chit, et que la philosophie n'a fait que ramener à
« ses termes les plus précis dans le problème que

« les Écossais lui interdisent de poser ». Ce problème, la raison se le pose en vertu de ses lois. « Mais « de ce que la raison élève ce doute sur elle-même, « s'ensuit-il que la raison, qui peut l'élever, puisse « le résoudre ? Nullement [1] ». Car ce doute sur ses principes, la raison ne le peut résoudre qu'avec ses principes, et c'est là un cercle vicieux. Nous n'avons donc pas la vérité absolue ; nous n'avons, comme l'a pensé Kant, qu'une vérité tout humaine [2].

Ainsi, c'est un fait sans cesse confirmé par l'histoire des individus aussi bien que par l'histoire des peuples : l'esprit humain n'est point assez fort pour se tenir de lui-même à la vérité. Qui rompt avec la religion positive, se met sur la pente du scepticisme, où tout va bientôt sombrer. Jouffroy se laisse d'abord envahir par le doute religieux ; puis, malgré son besoin profond de croire, il finit par dresser en sa conscience un autel au doute philosophique. Ainsi s'ébranlent en son âme jusqu'à ces croyances fondamentales dont la défense

---

1. Préface à l'édition des *Œuvres complètes de Thomas Reid.*
2. Voir aussi les *Mélanges philos.* (1834). Tout se ramène à la véracité de l'intelligence, et cette véracité ne se démontre pas. « Un acte de foi aveugle, mais irrésistible, tel est donc le fondement de toute croyance ».

a fait le centre de son activité et sans lesquelles la vie n'a plus ni sens ni orientation. Jouffroy meurt, la conscience dévastée par le scepticisme, en jetant un regard de regret sur ce Catéchisme où s'est bercée son enfance, et qu'il retrouve entre les mains de sa fille.

CHAPITRE II

MÉTHODE MÉTAPHYSIQUE.

Fichte ; — Schelling ; — Hegel.

Tandis que l'école éclectique dépassait péniblement la frontière du phénoménisme, on faisait en Allemagne une sorte de débauche métaphysique. Ce qu'il y a de singulier, c'est que l'auteur de ce mouvement nouveau, qui devait tenir une si grande place dans la philosophie contemporaine, ce fut Kant, le destructeur de la métaphysique traditionnelle.

Il y avait, en effet, une lacune profonde dans la solution du philosophe de Kœnigsberg. Cette unité du savoir, qu'il avait poursuivie avec tant de persévérance pendant sa vie tout entière, il ne l'avait point réalisée. Il était facile de remarquer dans sa philosophie un dualisme persistant, d'où devait résulter un nouvel effort vers la complète identification de toutes choses. Kant avait placé la forme dans la pensée, tout en laissant la matière au dehors. De plus, la forme, d'après son système, restait divisée en deux éléments d'origine diverse, dont l'un se rattachait à la sensibilité, l'autre à l'entendement. Il y avait dans une telle conception quelque chose d'artificiel, qu'on allait bientôt reconnaître. La matière et la forme sont essentiellement inséparables. Par là même, si la forme revient à l'esprit, il faut que la matière en relève aussi, et voilà le monde extérieur absorbé dans le *moi*. De plus, l'élément intelligible de la forme ne peut être que le fond de l'expérience : de telle sorte que le monde logique et le monde réel se trouvent aussi ramenés à l'unité. Cette identification de la pensée avec les choses et des éléments des choses entre eux frappa les esprits. Après Kant, Fichte, Schelling, Hegel en firent tour à tour le fondement de leurs vastes et puissantes théories.

Fichte suppose un *moi* absolu, qui, par la conscience qu'il prend spontanément de lui-même, pose le *non-moi*, et dans le non-moi, bien qu'à l'état confus, tout ce qui se développera jamais plus tard [1]. Cette idée, Schelling l'admet à son tour, mais en la poussant plus loin et dans le sens de l'identification. Le *moi* et le *non-moi*, le

---

[1]. Entre le fait primitif de Fichte et celui de Maine de Biran il y a une analogie profonde, comme l'a fait observer M. C. Secrétan dans la *Philosophie de V. Cousin*. « Le point de départ de Maine de Biran, dit-il, est précisément celui de Fichte : le *moi* et le *non-moi* surgissent inséparables dans le premier fait de conscience ». — *Science et Psychologie*, p. 166.

sujet et l'objet sont deux termes opposés l'un à l'autre, directement irréductibles. Il faut un troisième terme, un fond commun où ils trouvent leur lien substantiel. Et l'on passe ainsi de la dualité du *moi* et du *non-moi* à l'identité absolue. Toutefois, dans cette identité elle-même se trouvent encore deux principes distincts : d'une part, l'activité libre ou volonté ; d'autre part, la raison. Il reste encore un pas à faire pour aboutir à l'unité complète. Ce pas, c'est Hegel qui le vient faire. Hegel vient dire que la raison se développe elle-même en vertu d'un principe immanent ; qu'ainsi tout se ramène à l'intelligible, dont le reste n'est qu'une manifestation passagère : et par là s'évanouissent du même coup toute volonté, toute liberté, toute contingence ; avec Hegel, on entre dans le monde de l'absolue nécessité. L'univers qu'il nous décrit, est comme un immense théorème en mouvement.

Ainsi évolua la philosophie allemande après Kant et sous l'influence provocatrice de ses écrits. Parmi les nombreuses vues dont cette évolution a doté la métaphysique, l'esthétique et la morale, il en est une qui nous semble tout particulièrement digne d'attention : c'est la manière dont Schelling essaye de concilier ces deux mots, considérés jusqu'à lui comme radicalement contradictoires : monisme et liberté. Nous voudrions esquisser ici cette idée profonde d'un génie trop peu connu, persuadé qu'apprendre à mieux poser un problème, c'est faire avancer l'œuvre du savoir.

*
* *

Partons de l'idée fondamentale, dont tout le reste n'est qu'un rayonnement.

On peut croire que la raison a des bornes, lorsqu'on la considère dans les êtres qui la possèdent : car alors elle nous apparaît comme entravée par les limites de l'individualité dans son élan vers l'idéal. Mais c'est là une illusion qui s'évanouit, dès qu'on sépare la raison de tout sujet pour ne plus l'envisager qu'en elle-même, dès qu'on se place au point de vue objectif. Les pensées ne naissent pas solitaires dans l'esprit, il en est comme des bacchantes qui se tenaient par la main. Une idée appelle une autre idée, qui en appelle une autre; et ce cortège de la logique n'a pas et ne peut avoir de point d'arrêt.[1] Qu'on essaye de concevoir un raisonnement qui n'amène pas un autre raisonnement, une idée qui n'évoque pas une autre idée, et

---

[1]. *Die Philos. der offenbar.*, IVe leçon.

l'on reconnaîtra que la chose est impossible. Il n'y a pas de dernier anneau à la chaîne des pensées. Et voilà pourquoi la physique, les mathématiques, le savoir humain tout entier, nous paraissent susceptibles d'un développement qui ne peut avoir de bornes. Il y a dans la raison prise en soi un idéal infini. Qu'est-ce à dire ? Que la raison elle-même ne peut avoir de limites, que son essence est de n'en pas avoir, qu'elle est par nature une puissance infinie de penser (*unendliche Potenz des Erkennens*).

Mais dire que la raison est une puissance infinie de penser, c'est affirmer du même coup qu'elle contient en elle-même, qu'elle est l'être infini. La conséquence paraît inéluctable au philosophe allemand [1]. Toute connaissance enveloppe de l'être ; toute connaissance réelle enveloppe de l'être réel ; par là même, une puissance infinie de connaître n'est autre chose que la puissance infinie de l'être. La raison a pour contenu l'infini, elle est elle-même l'infini [2].

La raison est l'infini. Mais quels sont les principes qui la constituent? Tout d'abord, elle porte en elle-même un contenu qui lui est inné, qui lui reste

---

1. *Ibid.*, x^e leçon.
2. *Ibid.*, ive leçon.

inséparablement uni ; et ce contenu à son tour enveloppe, bien qu'à l'état implicite, non seulement ce que savent ou peuvent savoir tels ou tels penseurs, mais tout ce qui peut être su, tout ce que la philosophie, qui est la pensée par excellence et qui doit devenir adéquate à l'être, arrivera jamais à découvrir. Ce contenu, c'est le principe de toute physique, de toute métaphysique, de toute morale ; c'est le principe qui, en évoluant, produira le savoir infini. Il y a dans la raison un idéal auquel elle demeure comme suspendue, et qui n'a pas de bornes [1].

La raison implique un contenu, qui existe en elle sans elle, qui n'est pas encore pensé, mais que la pensée suppose. La raison implique un objet infini De plus, elle implique un sujet qui l'est également. L'objet ou contenu de la raison n'est d'abord et ne peut être qu'en puissance. Pour passer de la puissance à l'acte, pour commencer et poursuivre la marche du progrès, dont le dernier terme est la science absolue, il faut au contenu de la raison le concours d'une activité consciente qui en démêle les éléments ; qui, par voie d'analyse, y produise une distinction de plus en plus parfaite ; qui

---

[1]. *Ibid.*, IVe leçon.

le tire de son état d'enveloppement, comme la chaleur solaire fait un bouton de fleur. Avec l'objet infini se trouve dans la raison une conscience qui peut l'égaler, une conscience qui est une énergie sans bornes, un sujet infini.

L'objet et le sujet une fois constatés, tout n'est pas dit : il faut aller plus loin, si l'on veut avoir un concept adéquat de l'être. Et c'est l'erreur de Fichte de ne l'avoir pas vu. Fichte s'en est tenu au *moi* et au *non-moi* ; il s'est arrêté à la dualité dans son analyse de l'infini. Il faut la dépasser. *Le moi* et le *non-moi* sont en effet deux contraires, deux termes corrélatifs, mais qu'on ne peut ramener directement l'un à l'autre. Ils ont donc leur raison explicative dans un fond commun, et l'on passe ainsi par la trinité à l'unité.

Veut-on, par conséquent, se faire une juste idée de l'être ? il ne le faut placer ni dans le sujet, ni dans l'objet, ni dans ce troisième principe qui est le sujet-objet. Aucun de ces termes n'est l'être à lui seul. L'être n'est ni 1, ni 2, ni 3 ; mais ce qui est $1 + 2 + 3$. Pour avoir la vraie notion de l'être lui-même, il ne faut prendre les trois termes qui le constituent ni à l'état isolé ni comme le résultat d'une addition : car ils en sont ni séparés ni simplement unis. $1 + 2 + 3$ ont un fond identiques [1] ; 1 + 2 + 3 sont une seule et même chose à trois aspects divers.

Ici l'on n'a pas de peine à reconnaître l'influence du christianisme sur Schelling. Le génie du philosophe allemand a rencontré dans sa marche la trinité des théologiens et se l'est assimilée, tout en lui donnant une forme originale. La pensée de Schelling est d'ailleurs puissamment synthétique de sa nature. On trouve dans sa conception du monde, comme dans le poème de Dante, des données païennes et des données chrétiennes, du Platon et de l'Aristote aussi bien que du Kant et du Fichte. Tout s'y groupe dans l'harmonie d'une grande idée.

Voilà le concept de l'être ; mais cet être lui-même. qu'est-il à l'origine des choses, par rapport aux étapes qu'il doit franchir dans son développement ? Ce n'est pas l'idée d'être en général, c'est-à-dire la plus vide des idées, celle qui touche de plus près au néant. Le P. Gratry s'est battu contre des chimères, quand il a interprété de la sorte la philosophie allemande. Il y a dans cette philosophie une pensée qu'il est moins facile de ramener à la contradiction. L'être primordial n'est pas non plus un simple sujet logique, dont on peut affirmer tout le reste. Ce

---

1. *Ibid.*, IV⁰ leçon.

n'est pas davantage quelque chose d'analogue à cette matrice du monde qu'a imaginée Platon, à cette matière aux mouvements chaotiques où le Démiurge vient du dehors déposer un principe d'harmonie. L'être primordial est un principe réel. De plus, ce principe doit être entendu au sens plein du terme; il contient en lui-même tout ce qui sera jamais, tout ce qui peut être : c'est l'étoffe de l'univers.

*
**

Bien que l'être primordial, et par le fait même qu'il est infini, contienne tout ce qui se révélera jamais et peut se révéler, il ne le contient pas à l'état actuel; il ne le contient qu'à l'état latent. L'être primordial, au premier instant, n'est pas l'être infini, au sens strict du mot ; c'est la puissance infinie de l'être. Le monde n'est pas tout fait ; il se fait, il va du moins au plus. C'est ce que démontre la hiérarchie des règnes de la nature; c'est aussi ce qu'apprend avec éclat l'histoire de l'humanité : de telle sorte que, pour avoir le premier instant de l'être infini, il faut remonter à un moment de l'éternelle durée où la pensée n'avait pas encore apparu, où la raison n'était que l'objet infini que suppose la pensée.

Il y a donc un développement des êtres, bien qu'il n'y ait pas plus d'être. La raison s'est prise un jour à penser l'idéal qu'elle contient en elle-même. Là est le commencement de l'univers actuel, là est l'aurore de toute science, là est le principe de l'harmonie qui doit gagner de plus en plus avec la raison et l'emporter à la fin.

Comment la pensée s'est-elle éveillée ? D'où vient que l'être infini a passé une fois et passe sans cesse de la puissance à l'acte ? C'est là ce qu'il faut expliquer, si l'on veut avoir une vraie conception de l'univers, où tout se meut.

Le commencement et le progrès de l'univers ne s'opèrent pas, comme l'a dit Spinoza, en vertu d'une nécessité immanente aux choses. C'est là une idée qu'il faut écarter d'avance, comme fatale à la science des mœurs [1]. La création sans cesse plus accentuée du monde, et qui se fait au dedans de l'être, s'y fait par un acte de liberté ; et l'on en peut fournir des raisons, si l'on regarde aux caractères des objets. La nature offre partout des indices de contingence.

D'abord, la sagesse n'est pas un vain mot. Il y a véritablement un idéal de perfection morale, notre

---

1. *Phil. der offenbar.* 1 vol., p. 200.

pensée nous l'atteste avec une indiscutable autorité. Or, d'une part, cet idéal, n'est pas atteint : l'expérience nous en donne malheureusement trop de preuves ; d'autre part, cet idéal vers lequel tout tend, où tout doit trouver sa fin dernière, ne se poursuit pas à l'aide d'actions nécessaires et nécessairement enchaînées. On se prononce soi-même pour le bien contre la passion. La sagesse suppose le choix, la sagesse suppose la liberté [1].

S'il y a sagesse dans la raison, il y a aussi ordre dans la nature. Et cet ordre comprend des éléments qui pourraient être autrement qu'ils ne sont de fait ; cet ordre implique contingence. Il est facile de remarquer, soit dans les êtres vivants, soit dans les êtres organisés, soit même dans les êtres purement matériels, certaines adaptations de parties et une orientation particulière du mouvement dont la raison ne peut nullement rendre compte, qui échappent par là même au domaine de la nécessité et supposent un vouloir créateur [2].

Toutefois, là ne se trouve pas la preuve fondamentale de la liberté de l'être. Pour découvrir cette preuve, il faut pénétrer plus avant dans le mystère

---

1. *Philos. der offenbar.*, x^e leçon.
2. *Ibid.*

de la réalité. « Remarquons avant tout, dit Schel-
« ling, qu'il faut reconnaître une *qualité* dans tout
« être réel. Il y a deux choses absolument différen-
« tes, à savoir : l'essence de l'être, *quid sit*, et son
« existence, *quod sit*. L'une, qui est la réponse à
« la question *quid est ?* me fait pénétrer dans la na-
« ture de l'être donné, m'en fournit l'intelligence,
« me met à même de le comprendre, de m'en for-
« mer une notion, en d'autres termes, de l'en-
« fermer lui-même dans mon concept. L'autre
« point de vue, qui correspond au *quod est ?* ne
« me donne pas seulement le concept de la chose,
« mais encore un élément nouveau qui dépasse son
« concept et qui est *l'existence* ». L'essence et
l'existence sont donc deux éléments distincts, irréductibles de toute réalité concrète, de tout individu. Et c'est pour n'avoir pas fait cette distinction
fondamentale que Hegel, au sens de Schelling,
s'est égaré dans le tissu de ses déductions. D'après
son système, l'essence n'exclut pas, elle implique
l'existence. Ces deux choses ne font qu'un, et
dès lors il n'y a plus de place pour la liberté. La
nécessité s'étend au développement de l'être tout
entier. L'essence, en effet, est le monde de la raison
pure, le monde de ce qui ne peut être autrement
qu'il n'est. Partant, si tout se ramène à l'essence,

si l'essence est à elle seule la source de toute réalité, si elle contient non seulement le but, mais encore le principe de toute action, par là même de toute individuation, c'est fini : l'univers n'est qu'un mécanisme rationnel.

Aussi Schelling revient-il souvent à cette distinction qu'il établit entre l'essence et l'existence. C'est pour lui un sujet capital, sur lequel il ne veut laisser aucun doute ; car il sent bien que, si son adversaire a gain de cause en cet endroit, il n'a plus qu'à rendre les armes. Toute l'originalité de son système disparaît comme un songe.

Mais revenons à l'idée même de Schelling. En soi, l'existence se distingue de l'essence. De plus, la raison n'a pour objet que l'essence des individus. La raison, en effet, ne se demande pas si telle chose existe, mais ce qu'elle est. Voici une plante : je saisis en elle un certain groupe de caractères qui la constituent. Ce groupe de caractères est réel en lui-même, que le sujet où je le vois existe ou n'existe pas. Ce groupe de caractères a quelque chose d'universel, de nécessaire, d'éternel. C'est la vraie réalité, la réalité fondamentale. Cette réalité, qui est de sa nature indépendante des individus : voilà l'objet, l'unique objet de la raison. Quant au fait de l'existence, il n'a rien de commun avec elle ; c'est à l'expérience, et à l'expérience, seule de nous le manifester [1]. Sur cette question Schelling se rencontre avec Aristote, saint Thomas, Suarez, qui ont soutenu cette idée que la science s'occupe des essences, non des individus.

Mais un point, sur lequel il diffère de ces philosophes, c'est la conclusion vraiment originale qu'il tire de leur pensée. Si l'essence n'inclut pas l'existence, si d'autre part l'existence se montre réfractaire à toute élaboration rationnelle, nous avons du même coup deux motifs de penser que l'existence des objets est quelque chose de contingent, qu'il lui faut un principe en dehors du monde intelligible, qu'elle a sa raison explicative dans la liberté.

C'est donc une vérité démontrée, soit par la nature de l'idéal moral, soit par l'harmonie dont le monde nous fournit le spectacle, soit surtout par le caractère essentiellement contingent de toute existence : l'être primordial n'est pas éternellement en acte, mû par la nécessité de ses propres lois. Pour passer à l'acte, il a besoin d'un autre principe que le contenu même de la raison ; pour passer à l'acte, il lui faut une puissance active qui tire d'elle-même le commencement de l'évolution :

---

1. *Philos. der offenbar.*, IVᵉ leçon.

et cela, c'est la liberté. La liberté, voilà donc le fond de la nature ; voilà par là même, non seulement le principe de tout bien, mais encore le principe de toute beauté, de toute science. Ainsi se détermine la notion vague d'être en puissance que nous avons d'abord rencontrée. Cet être en puissance, c'est la puissance du vouloir, c'est la liberté [1].

Toutefois, faut-il se garder de voir dans la liberté que Schelling prête à l'Être infini un attribut qui n'a rien d'imparfait. C'est le désir de la vie qui a tiré l'être primordial de son sommeil ; et ce désir est une faute, une sorte de défection morale. Schelling place ainsi le péché originel au sein même de la Divinité ; et c'est l'idée qui frappera Schopenhauer, sur laquelle il édifiera sa théorie pessimiste. Un jour le vouloir voulut vivre, dira-t-il : de là le commencement de tous les maux, qui ne peuvent être guéris que par le retour au pur vouloir [2].

*
* *

Jusqu'ici nous n'avons parlé que de la liberté de l'Être infini. Il faut maintenant descendre de ces

---

1. *Ibid.*, x⁰ leçon.
2. *Ibid.*, x⁰ leçon.

hauteurs métaphysiques et se demander ce que Schelling a fait de la liberté humaine.

Cette seconde question, qui n'a guère moins d'importance que la première, Schelling la réduit à deux points principaux : 1º est-il possible de faire une place à la liberté de l'individu dans une théorie moniste ? 2º en quoi consiste cette liberté ?

Il semble à première vue qu'il ne peut rien y avoir de libre en dehors de l'Être infini. Qu'est-ce en effet que la liberté ? Une puissance inconditionnelle à côté de la puissance également inconditionnelle de la Divinité ; mais c'est par là même un concept contradictoire. Il en est de la toute-puissance du premier être, comme de l'action du soleil sur ses planètes. Il n'y a rien qui lui échappe, et, si quelque chose pouvait lui échapper, si un être quelconque pouvait se mouvoir en dehors de son champ d'attraction, elle cesserait par là même d'être ce qu'elle est, une énergie absolue. Mais là n'est pas le fond de la difficulté. Comment concevoir au sein de l'éternelle substance une distinction assez profonde entre elle-même et ses modes, pour que ces modes soient non seulement des réalités à part, mais encore des individus, des êtres qui deviennent à leur tour principes indépendants d'action ?

De plus, si tout procède de Dieu sans en sortir,

si la création reste essentiellement immanente au Créateur, comment expliquer le mal, qui tient, sous toutes ses formes, une si grande place dans le monde ? Ne faut-il pas qu'il remonte totalement à celui dont il n'est qu'un état originairement voulu ? et, s'il en est ainsi, que devient la sainteté de Dieu ? par là même, que devient la morale tout entière ?

Schelling ne s'arrête pas longtemps à la première de ces difficultés : elle est commune à tous les systèmes de métaphysique. Quant aux deux autres, il sent vivement tout ce qu'elles ont de pressant dans sa théorie, et il leur oppose deux principes de solution qu'il faut développer ; car ils ont un caractère de puissante originalité.

Si l'on se place au point de vue de Spinoza, impossible de faire [la part de la liberté individuelle ; impossible aussi d'expliquer le mal, que l'expérience nous révèle comme entrant dans la trame de la vie. Mais la théorie de Spinoza enveloppe un vice profond, qu'il est facile de découvrir.

Pour Spinoza, non seulement tout mode est en Dieu, mais tout mode est Dieu. Or cette identification absolue est contraire à la nature des choses. L'attribut n'est pas la substance ; c'est une réalité qui s'en distingue, tout en lui demeurant essentiellement immanente ; et cette dualité de l'être se révèle à chaque instant dans le langage : l'idée ne vient à personne de confondre le sujet et son prédicat. Le prédicat s'ajoute au sujet sans s'identifier avec lui. Il est curieux que Spinoza ait oublié cette distinction, qu'Aristote avait depuis si longtemps établie, en discutant le système de Parménide. Le principe de l'identité, bien entendu, n'exprime point une unité qui tourne en quelque sorte dans un cercle fermé; il signifie une unité progressive, où la vie et le sentiment peuvent éclore et se répandre. Il y a une création dans le panthéisme : l'être primordial s'y développe en réalités distinctes, en individualités. Il est vrai que les modes, qui s'élèvent à l'état d'êtres particuliers au sein de l'infinie substance, ne cessent pas de dépendre de cette substance elle-même comme de leur source commune ; mais de ce qu'ils conservent cette dépendance essentielle, il ne suit point qu'ils n'aient en eux-mêmes leur réalité propre, une essence définie. On peut être en soi sans être par soi : conséquemment, on peut être libre sans être une substance [1]. C'est d'ailleurs une idée qui se fonde sur des faits. « Un membre « du corps humain, un œil, si l'on veut, ne se

---

[1]. *Philosophische untersunchungen über das wesen der Menschichen freyheit.* Éd. Landshüt.

« conçoit que dans un organisme donné ; néanmoins,
« un œil a sa vie à lui ; bien plus, il jouit d'une
« sorte de liberté, que la maladie, à laquelle il est
« sujet, se charge à ses heures de nous démontrer ».
C'est de l'âme que procèdent les pensées. « Or
« la pensée, une fois produite, est une puissance
« qui a son indépendance, puisqu'elle agit d'elle-
« même ; bien plus, elle peut acquérir dans l'âme
« humaine un empire assez grand pour forcer et
« vaincre sa propre mère ». Par où l'on peut voir
que le panthéisme qui exclut la liberté, ce n'est
pas celui qui met tout en Dieu, mais seulement
celui qui suppose que tout est Dieu.

En résumé, il y a deux conceptions du mode :
ou bien l'on n'y voit qu'un simple état de la substance, ou bien l'on y voit une réalité distincte
de la substance. Dans la première hypothèse, pas
de liberté possible ; dans la seconde, pourquoi la liberté ne se ferait-elle pas jour à travers l'évolution
moniste ?

Si la liberté de l'homme se concilie avec le principe de l'identité, la question du mal est déjà résolue en partie. En dehors de Dieu, il y a des individus qui sont responsables de leurs actions. Toutefois cette solution ne suffit pas, et Schelling s'effor-
ce de la compléter par une considération qu'il tire

du cœur même de son système. Platon plaçait le principe du mal dans la matière, Leibnitz dans les exigences essentielles des choses et par là même dans l'entendement divin. Pour Schelling, le mal a une origine plus profonde : il procède du vouloir. Le mal est en Dieu, avec Dieu, bien qu'il ne soit pas Dieu. Il est en Dieu ce qui n'est pas lui. Parallèlement aux idées pures et au bien, dont les idées pures sont le moteur et la loi, sort du fond de la substance infinie une énergie d'une nature opposée : le vouloir aveugle et passionnel ; la concupiscence, qui se révèle dans la liberté des créatures. Là est le principe du mal ; et ce principe, Dieu l'a voulu en même temps que la science, l'ordre, la vertu, la beauté, auxquels il se mêle comme les scories au métal, comme les ténèbres à la lumière [1].

La liberté de l'homme est possible. Mais quelle en est la nature ? Il faut d'abord écarter cette liberté qui consiste à pouvoir se déterminer en présence de deux motifs parfaitement égaux : il faut écarter la liberté d'indifférence. L'admettre, c'est revenir à l'idée d'Épicure, c'est se prononcer pour la déclinaison des atomes, c'est introduire le pur

---

1. *Ibid.*, 420-436.

hasard dans le monde de la pensée. D'autre part, il n'est pas vrai que nous puissions nous soustraire à la sollicitation des motifs. « L'action libre procè-
« de immédiatement de la partie intelligible de
« l'homme; mais elle ne peut être que déterminée.
« Pour revenir à l'exemple cité, il faut qu'elle soit
« ou bonne ou mauvaise. De l'indétermination abso-
« lue à la détermination il n'y a pas de passage [1] ».
Qu'est-ce donc que la liberté ? et ne va-t-elle pas disparaître de partout, après qu'on a pris tant de soin de lui faire sa place dans la chaîne des événements ? « Celui-là est libre, qui a pour loi de son
« activité les lois de son être, et qui, soit au de-
« dans, soit au dehors de lui-même, n'a pas d'au-
« tre principe de détermination [2] ».

Mais alors, la liberté, c'est encore la nécessité ? Oui, répond Schelling, toutefois en un sens seulement. La nécessité de notre nature implique la liberté. « La nature de l'homme est essentiellement
« son propre fait. Le *moi*, dit Fichte, est son
« œuvre à lui-même. Avoir conscience de soi
« c'est se poser (*Seiner bewustsein ist selbstsetzen*) ».
Et cette parole, Schelling l'adopte pour son compte. De plus, il essaye de montrer qu'elle s'appli-

---

1. *Ibid.*, p. 466.
2. *Ibid.*, p. 462.

que à l'homme avec plus de justesse qu'à tout le reste. « Au premier moment de la création, l'homme n'était pas un être séparé de Dieu ; et c'est là ce qu'on exprime sous une forme mythique en supposant un état antérieur à cette vie, où il jouissait à la fois de l'innocence et du bonheur. L'homme seul a pu se séparer de Dieu ; mais, il faut bien le remarquer, cette séparation a un caractère intemporel : elle s'est faite en dehors du temps, avec la première création, bien qu'elle en soit distincte ». C'est là, dit Schelling, une idée difficile à préciser, si l'on se place au point de vue du sens commun ; elle ne s'en accorde pas moins avec la conscience de chacun de nous : chacun sent que son essence est de toute éternité, qu'elle ne s'est point produite dans le temps.

La conséquence de cette doctrine, c'est que nous sommes libres et nécessités tout à la fois : libres dans le fait primitif qui a constitué notre essence, nécessités par les lois de cette essence elle-même. Personne ne pouvait empêcher Judas de trahir le Christ, pas même Judas. « Et cependant, « Judas ne trahit pas le Christ par nécessité ; « c'est une action qu'il accomplit avec une pleine « liberté ». On reconnaît à cette explication la pensée de Kant, bien que profondément modifiée. Schelling lui a donné la forme de son esprit.

Telles sont les grandes lignes du système de Schelling. On peut y remarquer assez facilement de larges fissures. Il n'en est pas moins l'œuvre d'une grande âme et d'une puissante intelligence. Schelling est le premier penseur qui ait essayé de concilier la conception panthéiste, soit avec la liberté de Dieu, soit avec la liberté de l'homme. Jusqu'à lui, monisme et nécessité avaient toujours été synonymes. Qu'il n'ait pas complètement réussi dans sa difficile entreprise, c'est chose certaine. Mais il a laissé sur le problème qu'il a remué des aperçus nouveaux et d'une telle profondeur, qu'il faudra désormais en tenir compte. Il s'est mis par là au rang des plus grands philosophes. Le panthéisme est-il possible ou non? La question dépend de la nature du mode. Le mode a-t-il en lui-même une réalité, et une réalité assez pleine pour devenir un principe d'action? Tout est là; et c'est le nœud gordien de la philosophie.

Comme il est facile de l'observer, cette grande métaphysique d'outre-Rhin ne ressemble guère plus à nos trouvailles psychologiques du même temps qu'une fresque de Michel-Ange à un tableautin de Téniers. Néanmoins, la philosophie française et la philosophie allemande présentent à cette époque des analogies profondes, et d'autant plus curieuses qu'elles ont eu à leur début un développement isolé. L'une et l'autre philosophies reconnaissent la primauté de la morale sur la science, et la fondent sur l'harmonie essentielle des choses : ce qui est bien est vrai, et la vérité ne se contredit pas. C'est là l'idée favorite et de Jouffroy et de Schelling. En outre, Maine de Biran et Fichte s'accordent, sans se connaître, à partir du *Moi;* ils y découvrent l'un et l'autre la spontanéité, et, ce qui est plus singulier, quelque chose d'infini, d'absolu, d'impersonnel. Pendant la première moitié de notre siècle, il a passé sur l'Europe entière comme un souffle puissant d'idéalisme.

SECONDE PÉRIODE

MÉTHODE SCIENTIFIQUE

CHAPITRE I

CAUSES DU DÉTERMINISME.

Pendant qu'en France on ne dépassait que timidement la frontière des phénomènes, qu'en Allemagne, au contraire, on se jetait à toutes voiles dans l'absolu, un mouvement nouveau se faisait jour qui devait modifier bien des choses. On avait vu à l'œuvre la méthode psychologique et la méthode métaphysique. La science allait paraître à son tour, et essayer à sa manière de remuer cet immense rocher de Sisyphe qui s'appelle la philosophie. Pourquoi ce changement, dont la destinée était de tout dominer et qui n'a pas d'antécédent dans l'histoire de la pensée humaine ? C'est ce qu'il faut expliquer d'abord.

*
* *

L'éclectisme se soutint un certain temps. A cette société, possédée à la fois du besoin de croire et de rêver, qui se laissait séduire au charme du *Génie du christianisme*, où Mme de Staël prêchait l'enthousiasme, où Bernardin de Saint-Pierre décrivait d'innocentes et délicieuses idylles ; qui se passionnait pour René, Rolla, Lélia, Manfred, Werther et Jocelyn ; à cette génération de la première moitié de notre siècle, qui voyait surtout par l'imagination et n'allait à la foi que par le cœur, Cousin vint parler de l'infini, de l'âme, de la liberté, du vrai, du bien, du beau, de la destinée humaine. Ces grands problèmes, il les agita d'une manière assez vague pour être compris de tout le monde, dans une langue dont la noblesse ne se démentait pas, et qui souvent s'élevait jusqu'à la plus haute éloquence ; avec des promesses réitérées que sa philosophie contenait la solution définitive de toutes les questions qui intéressent l'origine et la fin dernière du genre humain. On ne pouvait que céder à tant d'attraits. Sa doctrine apparut comme un noble refuge après l'horrible tourmente dont on sortait et qui venait d'ébranler toute la terre habitable. De plus, Cousin appela au secours de son talent d'habiles manœuvres : il eut la pensée ingénieuse de faire défiler sous les yeux de ses auditeurs toute une série de philosophes qui vinrent tour à tour renouveler l'attention : on le vit passer de Laromiguière à Kant, de Kant à Platon, de Platon à Descartes, de Descartes à Schelling. Il alla ainsi dans tous les jardins, cueillant les plus belles fleurs et les offrant comme son bien [1].

Mais on ne fonde pas un système de philosophie avec des expédients. Deux causes concoururent au détrônement de l'éclectisme : d'une part, la faiblesse de ses preuves et de sa méthode ; d'autre part, la puissance du mouvement scientifique.

Maine de Biran avait posé un fondement solide ; mais il n'eut pas le temps d'étudier en détail les questions métaphysiques. Cousin s'était vanté de démontrer, à l'aide de la raison, toutes les vérités qui intéressent la morale ; il n'en démontra aucune. On n'imagine rien de plus frêle que sa construction métaphysique, considérée dans son ensemble. Il suffit d'un regard pour voir que son *moi*, où il enferme tout, n'est qu'un nid d'hoypthèses et d'équivoques. Jouffroy était parti d'une idée fondamentale : la finalité joue un rôle prépondérant dans les sciences métaphysiques et morales ; mais cette idée n'est qu'une face des choses, et il n'en fit d'ailleurs qu'une assez vague application.

L'éclectisme, qui avait tout promis, ne tint rien, et c'est ce que sentirent bien ses propres défenseurs.

---

1. C'est ce que Taine fait observer dans son ouvrage sur *les Philosophies classiques au XIXe siècle*.

Après avoir donné quelque temps dans la doctrine de Cousin, après avoir fait de grands efforts pour montrer que tous les grands philosophes ont toujours enseigné l'existence de Dieu, la vie à venir, la justice éternelle, en un mot, les dogmes nécessaires à l'homme, Maine de Biran changea tout à coup de procédé, affirmant que le christianisme seul a la vraie notion de l'infini, du devoir, de la destinée humaine. Sous l'influence de l'Écriture sainte et de l'*Imitation*, il finit par croire que le meilleur est de s'abandonner à « l'opération de l'esprit supérieur, à l'action de la grâce [1] ».

Pressé par le sentiment de son insuffisance à soutenir le poids du monde métaphysique, Cousin eut aussi sa manière de faire appel à cette religion qu'il avait couverte d'un si profond dédain. Il présenta la philosophie « comme une foi prépa-« ratoire qui laisse au christianisme la place de ses « dogmes et toutes ses prises sur l'humanité » [2]. Enfin, nous connaissons déjà la confession de Jouffroy : nous savons qu'après avoir soutenu toute sa vie que la philosophie n'a résolu aucune question, il avoua sur la fin de sa carrière qu'elle n'en peut résoudre aucune.

1. *Nouveaux Essais d'anthropologie*, 1823.
2. *Cours d'hist. de la phil. moderne*, 3ᵉ édit.

La philosophie éclectique péchait par sa base ; elle ne péchait pas moins par sa méthode. Les éclectiques partaient de l'expérience, et cette méthode est vraie ; on peut ajouter qu'elle est la seule possible. Mais l'expérience ne donne des résultats sérieux qu'autant qu'on sait, par un labeur patient, en démêler les éléments divers. Or c'est là ce que ne firent ni Cousin ni ses disciples ; ils s'en tinrent d'ordinaire aux données les plus vagues de la conscience. De plus, il ne faut pas entendre l'expérience dans un sens trop étroit. A côté de l'expérience de l'individu il y a celle de la race ; or cette expérience-là, les philosophes de la première moitié de notre siècle la laissèrent à peu près totalement de côté. Maine de Biran, il est vrai, prit connaissance des représentants du sensualisme pour les réfuter. On s'occupa aussi des Écossais. Cousin, comme nous l'avons vu, fit successivement appel aux Allemands, à Descartes, puis encore aux Allemands. Mais qu'a-t-on pensé avant Descartes ? L'humanité a-t-elle donc commencé à réfléchir avec ce hardi novateur? Voilà ce dont les éclectiques ne tirèrent nul souci ; et ce dédain ne pouvait que leur être fatal. C'est une méthode absolument anti-scientifique de vouloir créer la philosophie de toute pièce ; c'est une erreur fondamentale de croire qu'il suffit d'un regard jeté sur soi-même pour y trouver à la fois le fini et l'infini, le moi et le non-moi, la cause, la substance, le monde et Dieu lui-même ; c'est une illusion profonde de s'imaginer qu'on va faire sortir de son cerveau et après quelques instants de réflexion ce que de longues générations de penseurs n'ont encore réussi qu'à prouver imparfaitement. En philosophie, comme dans tout le reste, l'esprit humain n'avance que peu à peu ; c'est en s'aidant de ce que les autres ont découvert, qu'on arrive soi-même à découvrir quelque chose. Quand on suit le progrès des sciences mathématiques et des sciences naturelles, on est surpris du soin scrupuleux qu'ont mis les plus grands génies à commencer où les autres avaient fini. C'est là ce qui s'impose, et d'une manière bien plus pressante, dans les recherches philosophiques. Sans cela, on n'est que soi-même, et par soi-même on ne voit toujours que la plus petite partie de l'immense réalité.

Cette lacune, Cousin la sentit, et c'est là ce qui explique ses publications et celles de ses disciples. Mais le mouvement qu'il imprima, ne fut qu'imparfaitement suivi. Ni Cousin, d'ailleurs, ni les continuateurs de sa pensée ne se prirent à fouiller patiemment le domaine de la tradition pour en tirer un suc nourricier, pour y trouver les bases d'une conception à la fois plus puissante et plus large. Ils firent un énorme travail d'érudition philosophique, dont la philosophie ne tira qu'un mince avantage.

L'idéalisme allemand, issu de Kant, n'eut pas une meilleure fortune que l'éclectisme. Comme Tennemann l'a bien remarqué, toute cette brillante métaphysique avait pour base deux immenses postulats : 1º l'identification du fini et de l'infini ; 2º l'identification de la conscience et du monde extérieur. Ces deux assertions fondamentales étaient trop visiblement gratuites pour qu'on ne s'en aperçût pas ; elles heurtaient trop violemment les données primitives de la conscience pour qu'on les admît. De plus, Fichte, Schelling et Hegel, partis du même point, faisaient chacun pour son compte des constructions fantaisistes qui se contredisaient de plus en plus, à mesure qu'elles s'éloignaient de leur centre commun : si bien qu'en fin de compte elles produisaient le plus étrange cliquetis d'idées qu'on ait jamais entendu. On comprend que l'ironique Schiller se soit amusé d'un tel spectacle. Ce bourdonnement de cervelles philosophiques, qui lui venait de partout, a suscité de sa verve les plus plaisantes épigrammes [1]. En fait, l'idéalisme allemand contenait des vues profondes qu'il faudra ne

---

[1]. SCHILLER — TRADUCTION AD. RÉGNIER.

LES PHILOSOPHES.

Le disciple.

Il est heureux, Messieurs, que je vous trouve ici réunis *in pleno;* car c'est la question unique et seule nécessaire qui me fait descendre auprès de vous.

Aristote.

Vite au fait, mon ami ! Nous recevons ici aux enfers la *Gazette d'Iéna*, et depuis longtemps déjà nous sommes instruits de tout.

Le disciple.

Tant mieux ! Alors donnez-moi, je ne vous lâche pas avant, une proposition généralement admissible et admise de tous.

Un premier philosophe.

Cogito, ergo sum ; « je pense, donc je suis ». Pourvu que l'un soit vrai, l'autre l'est assurément.

plus oublier, et c'est par ses vues qu'il s'est insinué partout à l'état d'émiettement. Mais, comme système, il ne tenait pas debout. L'indéfini en fait le fond ;

Le disciple.

« Je pense, donc je suis » ! Bien ! mais qui peut penser toujours ? Bien souvent déjà j'ai été sans penser vraiment à rien.

Un deuxième philosophe.

Puisqu'il y a des êtres, il y a un être de tous les êtres. Nous nageons dans l'être des êtres, tous, tels que nous sommes.

Un troisième philosophe.

Je dis juste le contraire. Il n'y a d'autre être que moi-même ; tout le reste ne s'élève en moi que comme une bulle de savon.

Un quatrième philosophe.

J'admets deux choses, le monde et l'âme : elles ne savent rien l'une de l'autre, et pourtant indiquent toutes deux une seule et même chose.

Un cinquième philosophe.

Je ne sais rien de la chose et ne sais non plus rien

et l'indéfini est la terre ou cohabitent le oui et le non.

* *
*

Pendant que la philosophie s'épuisait en de stériles efforts, les sciences continuaient leur marche en avant avec une régularité qui tient du prodige ;

de l'âme ; toutes deux ne font que m'apparaître, et ne sont pourtant pas une apparence.

Un sixième philosophe.

Je suis moi, et je pose moi-même ; et si je me pose moi-même comme non posé, alors, bon ! j'ai posé un non-moi.

Un septième philosophe.

Il existe au moins une représentation (ou acte de se représenter quelque chose). Il y a donc un objet représenté, et aussi un sujet qui se le représente : ce qui, avec la représentation, fait trois.

Le disciple.

Il n'y a pas encore là, Messieurs, de quoi tirer un chien du poêle ; je veux une proposition satisfaisante et qui pose un principe.

HIST. DU PROBLÈME AU XIX° SIÈCLE 109

elles aboutissaient à des résultats qui devaient en quelques années changer la face du monde civilisé. En 1802, Vivian de Trevithick applique la vapeur à la traction des véhicules servant au transport de la houille en Angleterre. En août 1803, l'américain Fulton essaye sur la Seine le premier bateau à vapeur. Quelques années plus tard, les expérien-

Un huitième philosophe.

Il n'y a plus rien à trouver dans le champ de la théorie ; mais cette proposition pratique est au moins valable : « Tu peux, car tu dois ».

Le disciple.

Je m'y attendais. Quand ils ne savent plus rien vous répondre de raisonnable, alors, vite, ils vous fourrent la théorie dans la conscience.

David Hume.

Ne parle pas à ces gens-là ! Kant les a tous embrouillés. Interroge-moi ; même aux enfers, je suis resté semblable à moi-même.

Question de droit.

Depuis des années, je me sers de mon nez pour sentir. Ai-je donc réellement sur lui un droit démontrable de propriété ?

ces d'Arago, d'Œrsted, d'Ampère et de Faraday sur les phénomènes d'électricité et d'aimantation aboutissent à l'une des plus grandes conquêtes de l'esprit humain, l'invention du télégraphe électrique. En 1836, on applique à l'industrie cette loi découverte avec la pile, d'après laquelle le cuivre, enlevé de sa dissolution par l'effet d'un courant électrique, prend la forme des corps où il se dépose et s'y moule comme de la cire : d'où la galvanoplastie. Scheele avait observé en 1781 que le

Puffendorff.

Le cas est embarrassant ; mais la première possession semble parler pour toi : continue donc à t'en servir.

Scrupule de conscience.

Je sers volontiers mes amis ; mais, hélas ! je le fais avec inclination, et ainsi j'ai souvent un remords de n'être pas vertueux.

Décision.

Tu n'as qu'une chose à faire : il faut tâcher de mépriser cette inclination, et faire alors avec répugnance ce que t'ordonne le devoir.

(*Almanach des Muses*, 1797.)

chlorure d'argent a la propriété de se noircir à la lumière. Daguerre, en 1829, revient à ce résultat, et quelques années après invente la photographie. Pendant qu'on appliquait la théorie aux besoins de l'existence, la théorie elle-même avançait sans trêve ni retour. En 1802, Wollaston découvre le principe de l'analyse spectrale, que Fraunhofer et Herschel réussissent bientôt à développer, et l'on peut faire à des millions de lieues de distance la chimie des corps célestes. Vers le même temps, Young et de Fresnel, à la suite de nombreuses expériences sur la diffraction de la lumière, trouvent la loi des interférences : ce qui fait tomber la théorie de l'émission et lui substitue celles des ondes [1]. En 1843, Joule, de Manchester, fixe l'équivalent mécanique de la chaleur [2]. Au même moment, Grove entreprend d'établir, à l'institution royale de Londres, « que la chaleur, la lumière, l'électricité, le magnétisme, l'affinité chimique et le mouvement sont corrélatifs ou dans une mutuelle dépendance; qu'aucun d'eux, dans un sens absolu, ne peut être dit la cause essentielle des autres; mais que chacun d'eux peut produire tous les autres ou se

---

1. Arago, *Notice biographique sur Fresnel.*
2. *Mémoire sur la valeur mécanique de la chaleur.*

convertir en eux »[1]. Mayer fait en Allemagne une série de recherches dans le même sens, qui se continuent avec Clausius, Hirn, Tyndall ; et l'on aboutit à cette vaste théorie de la nature physique, d'après laquelle tout est mouvement.

De si grandes découvertes, qui en promettaient de plus grandes encore, se produisant comme de concert sur la scène de la vie, étaient faites pour causer de l'étonnement. Elles révélaient avec éclat la puissance dont dispose l'esprit humain, quand il consent à procéder avec méthode. Elles annonçaient une transformation profonde de la vie intellectuelle, de l'industrie, du commerce. L'humanité se sentait tout à coup entrer dans une ère nouvelle, où les distances ne seraient presque plus rien, où le travail de la pensée serait décuplé par la mise en commun de tous les efforts, où l'on arriverait à conquérir un empire toujours croissant sur les forces hostiles de la nature. La philosophie, qui depuis longtemps tournait dans un cercle ou n'en sortait que pour produire de nébuleuses hypothèses ; la philosophie, qui aboutissait au doute ou à la contradiction, fut peu à peu désertée. La science eut le dessus. On ne jura plus que par le dieu de la science.

1. *Corrélation des forces physiques.*

La science l'emporta et devint le modèle sur lequel on se prit à concevoir tout système philosophique. Or la science, si l'on en excepte les mathématiques, consiste tout entière à rattacher les faits à leurs causes, entendant par cause, non l'énergie nouménale qui produit les phénomènes, mais les conditions empiriques d'où dépend leur production, les conditions qu'il suffit de poser pour qu'ils aient lieu, d'écarter pour qu'ils n'aient plus lieu. En outre, la cause une fois donnée, la science affirme d'une manière plus ou moins explicite que l'effet ne peut pas ne pas suivre. Si l'on expose du mercure à l'air libre et qu'on le mette par ailleurs en communication avec un tube où l'on fait le vide, il faut qu'il s'élève à 0^m,76 ; si l'on met une barre de fer à l'air humide, il ne se peut point qu'elle ne s'oxyde pas au bout d'un certain temps. Il ne se peut pas que les corps célestes, restant ce qu'ils sont, ne s'attirent plus en raison directe de leur masse et en raison inverse du carré des distances. Entre la cause et l'effet, c'est-à-dire entre l'antécédent et le conséquent, la science, obéissant en cela à la loi fondamentale de l'entendement, voit une relation nécessaire. Et là se trouve le droit qu'elle s'attribue de généraliser ses observations, de les étendre à tous les temps et à tous les lieux, d'en faire des lois universelles. Là se trouve aussi le fondement de ses prévisions, et partant de son pouvoir sur l'avenir. Le principe de causalité, en tant qu'il exprime le rapport nécessaire d'un phénomène donné à un autre phénomène qui le précède, est la base de la science. De plus, il n'est aucune expérience qui n'en soit la rigoureuse application. On ne rencontre nulle part dans la nature entière un fait qui surgisse de lui-même, qui jaillisse du fond de la réalité sans autre secours que cette réalité, qui soit un commencement absolu. Un fait donné suppose toujours un autre fait, qui lui-même en suppose un autre, et ainsi à l'indéfini. L'univers entier est une chaîne ininterrompue d'antécédents et de conséquents, qui n'a d'autre lien que la nécessité.

Dès lors, n'est-ce pas une illusion tout enfantine, que de croire à la liberté humaine? Si tout dans la nature, depuis l'astre qui se meut dans l'espace infini jusqu'au grain de sable que charrie le vent, obéit à l'inexorable nécessité ; si l'être vivant, aussi bien que la matière brute, n'est qu'une trame de phénomènes qui ne se peut briser, quelle raison pouvons-nous avoir de croire que nous faisons exception dans ce monde immense où nous tenons si peu de place ? pourquoi penser que le cours universel de l'éternelle activité s'est en quelque sorte arrêté par respect devant l'atome humain? Si tout est nécessaire en dehors de nous, tout est nécessaire en nous : nulle induction n'eut jamais fondement plus large et plus solide.

La science oppose à la liberté l'universelle causalité. De plus, elle lui oppose un autre principe moins fondamental en lui-même, mais dont l'importance métaphysique reste capitale : je veux parler de l'équivalence ou persistance du mouvement. Les savants modernes ne croient plus seulement, avec Lavoisier, que la quantité de la matière est permanente ; ils ne prétendent pas seulement, comme Leibnitz, qu'il y a toujours la même somme d'énergie dans le monde : ils pensent avoir démontré par l'expérience qu'il y a toujours dans le monde la même somme de mouvement. Et de là une nouvelle machine de guerre dressée contre la citadelle du libre arbitre. Mais, comme ce principe a pris de nos jours une très grande place dans l'esprit des chercheurs, il est bon d'en donner une juste intelligence en résumant les expériences qui le fondent.

On savait déjà par l'expérience vulgaire que le mouvement produit la chaleur. Joule, en 1843, vint dire pour la première fois dans quelle proportion il la produit : il détermina, au moins d'une manière approximative, l'*équivalent mécanique* de la chaleur. Voici les éléments de sa démonstration : Soit une masse d'eau dans laquelle une roue se trouve immergée et supportée par un essieu ; imaginez qu'à l'extrémité de cet essieu l'on enroule une corde à laquelle est attaché un poids ; si l'on met ce poids en liberté, il actionne la roue et par la roue la masse d'eau. On remarque alors que, pour produire une calorie, il faut dépenser 428 kilogrammètres [1].

Le même résultat fut démontré un peu plus tard par M. Hirn, à l'aide d'un appareil différent. Hirn prenait une masse de bois pesante, suspendue horizontalement à des cordes verticales et nommée bélier ; puis une masse de pierre, suspendue aussi de la même manière et nommée enclume. Ces deux poids étaient garnis d'armures en fer à leurs extrémités. Entre eux, il disposait une masse de plomb présentant une cavité et contenant un thermomètre. L'appareil mis en état, il faisait tomber le bélier sur l'enclume. Après plusieurs expériences, il trouva que l'équivalent mécanique de la chaleur était de 425 kilogrammètres. D'autres ex-

---

1. Joule; *Mémoire*, déjà cité.

périences sur la condensation des gaz, sur l'étirement du fer, sur le frottement de la fonte, ont fourni 432 kilogrammètres ; et Jenner, discutant tous ces résultats, a adopté pour valeur finale de l'équivalent mécanique d'une calorie 425 kilogrammètres.

De ces différents travaux, entrepris à la fois dans toutes les contrées de l'Europe (car nous ne citons ici que ce qu'il y a de plus net), parut se dégager cette loi : *le mouvement se transforme en chaleur*.

On essaya en même temps de prouver la réciproque. Hirn, avec une machine à vapeur de 150 chevaux où le travail restait uniforme, trouva une différence de 38 calories entre la température de la vapeur à son entrée dans le cylindre et sa température à la sortie du même cylindre. Dans une autre série de recherches, avec un moteur de 116 chevaux, il trouva une différence au moins de 29 calories ; enfin, avec une machine de 90 chevaux, la diminution fut trouvée de 20 à 21 calories. Regnault reprit ces expériences et aboutit à des résultats analogues [1].

Il se produit donc une perte considérable de chaleur entre l'entrée de la vapeur dans le cylin-

---

1. Secchi, *Unité des forces physiques*.

-dre d'une machine et sa sortie. Par conséquent, cette perte ne peut être attribuée ni au rayonnement ni aux erreurs inévitables dans de semblables expériences. Il faut donc que la chaleur perdue se convertisse en travail mécanique. Et de là cette seconde loi : *la chaleur se transforme en mouvement.*

Joule fit d'ailleurs une expérience qui suffit par elle-même à établir et la transformation du mouvement en chaleur et la transformation de la chaleur en mouvement. Il renferma dans un récipient plein d'eau deux ballons de métal, pouvant communiquer l'un avec l'autre à l'aide d'un robinet. Dans l'un A il comprima de l'air à 10 atmosphères, laissant l'autre absolument vide. Deux thermomètres placés l'un à côté du ballon A, l'autre à côté du ballon B, permettaient d'observer les moindres variations de température. Le robinet étant ouvert, l'air se précipita de A en B jusqu'à équilibre de pression, mais la température demeura stationnaire. Pourquoi ce résultat ? Il semblait, au contraire, que la masse d'air enfermée en A, venant à se dilater, devait produire un abaissement de température. Hirn conclut de son expérience : 1° qu'à l'ouverture du robinet, la chaleur du ballon A se changeait en mouvement : ce qui expliquait la projection de l'air comprimé vers le ballon B ; 2° que ce mouvement lui-même se changeait à son tour en chaleur : ce qui rendait compte de l'état stationnaire de la température. La même expérience fut reprise sous une autre forme et avec une précision plus grande par Hirn lui-même et aussi par Regnault : elle aboutit toujours au même résultat [1].

Comme nous l'avons déjà fait remarquer plus haut, pendant que Joule poursuivait ses recherches en Angleterre, Mayer, de Heilbronn, produisait en peu de temps trois brochures sur le même sujet intitulées : *Mouvement organique et Transformations matérielles* (1845) [2]; *Documents relatifs à la dynamique du ciel* (1848) [3]; *Remarques sur l'équivalent mécanique de la chaleur* (1851) [4]. Ces travaux, pleins de vues remarquables, élargissaient la question : Mayer n'y parlait pas seulement de la théorie dynamique de la chaleur, mais encore de l'unité des forces en général. Au même moment, Grove, de Londres, se plaçait au même point de vue, et enseignait que « la chaleur peut, immédia-

---

1. *Corrélation des forces physiques*, 1843.
2. *Die organische bewegung mit dem stoffwechsel.*
3. *Beitrage zur dynamik des Himmels.*
4. *Bemerkungen über das mechanische Œquivalent der Wärme.*

tement ou médiatement, produire l'électricité, l'électricité la chaleur, et ainsi des autres phénomènes, chacun disparaissant à mesure que la force qu'il produit se développe ¹ ».

De ces nombreuses et patientes expériences, dont le P. Secchi devait plus tard faire la base de son savant et profond ouvrage sur l'unité des forces physiques, on tira un peu hâtivement peut-être cette vaste conclusion que la force vive se transforme sans se perdre ; en d'autres termes, *qu'il y a toujours la même somme de travail mécanique ou de mouvement dans l'univers.*

Mais, si la quantité du mouvement ne change pas, c'est qu'ainsi le veut l'essence de la nature : c'est qu'elle ne peut changer. Et dès lors, quelle place faire à la liberté dans le réseau du mécanisme universel, vu qu'étant un pouvoir absolu, elle doit produire en elle-même par chacun de ses actes un accroissement de force vive, vu surtout qu'elle doit réagir sur la matière, et y déterminer un surplus de mouvement dont elle n'est pas susceptible ? La liberté n'est pas seulement une anomalie, c'est une anomalie impossible.

En somme, notre siècle n'en était pas encore à

1. Voir aussi le *Mémoire sur le principe de la conservation de la force*, par Helmhottz, publié en 1847.

la moitié de son cours, que la science, qui fascinait de plus en plus les intelligences, semblait condamner à deux titres toute théorie de la liberté 1° au nom du principe de causalité, 2° au nom du principe de la conservation de la force vive ; et de là sont sorties trois espèces de déterminismes : 1° un déterminisme *scientifique*, où l'on induit des lois de la matière aux lois de l'esprit ; 2° un déterminisme *Psychophysiologique*, où l'on déclare les phénomènes de la pensée absolument passifs, et par là même soumis aux lois de l'organisme ; 3° un déterminisme *psychologique*, où l'on se fonde sur les lois de l'esprit lui-même pour nier la liberté.

CHAPITRE II

FORMES DU DÉTERMINISME.

Déterminisme scientifique ; — déterminisme psychophysiologique ; — déterminisme psychologique.

I

Le déterminisme scientifique a revêtu deux formes principales : l'une, qui est absolument positiviste et qu'ont adoptée Auguste Comte et Stuart Mill ; l'autre, où la métaphysique tient déjà une grande place et qui a son plus illustre représentant dans Herbert Spencer. Ce sont ces deux espèces de déterminisme scientifique que nous esquisserons d'abord.

Parti d'une idée toute morale, de l'idée saint-simonienne [1], Auguste Comte semblait devoir ménager une place à la liberté dans son système : il aboutit pourtant à l'universelle nécessité. Chez lui, c'est le professeur d'analyse transcendante et de mécanique rationnelle qui l'emporta sur le philosophe.

Il n'y a que des phénomènes : c'est ce qui résulte de l'histoire ; c'est ce que démontre l'évolution

---

1. Voir *Aug. Comte*, par le R. P. Gruber, p. 41.

de l'esprit humain à travers les siècles. On a d'abord adoré des fétiches. Puis une aurore de réflexion est survenue, et derrière les fétiches on a supposé des forces faites à l'image de l'âme humaine ; derrière les fétiches on a placé des volontés : divinités aussi nombreuses et aussi variées que les phénomènes ; divinités capricieuses, souvent malfaisantes, qu'on essayait d'adoucir avec des prières, des libations et des sacrifices. Un peu plus tard et pendant que sur d'autres points du globe la croyance aux esprits et aux démons régnait encore en souveraine, on s'est aperçu qu'il y a de l'ordre dans la nature, que le monde fait un tout, que c'est un cosmos, et l'on s'est pris à se figurer une volonté unique, infiniment puissante, mais aussi infiniment sage : on a cru à l'existence de Dieu. Ainsi, le fétichisme a commencé ; au fétichisme a succédé le polythéisme, au polythéisme le monothéisme, la raison s'élevant par un travail incessant à une conception de plus en plus compréhensive, et par là même de plus en plus voisine de l'absolue réalité. Et ces trois phases forment ce qu'on peut appeler la période théologique ou fictive de l'esprit humain.

Mais on ne pouvait s'en tenir à cette conception : elle avait quelque chose de trop enfantin. Cette volonté souveraine, qu'on plaçait en dehors du monde d'où elle dirigeait tous les événements, on a fini par la mettre dans le monde lui-même, on en a fait l'âme de la nature : et alors a commencé le règne des virtualités, des puissances, des facultés, de la substance, autant de divinités d'un genre nouveau, plus rapprochées de nous, il est vrai, mais non moins inaccessibles aux prises de la conscience, non moins imaginaires ; alors a commencé la période métaphysique ou abstraite, dont le moyen âge est le point culminant.

La période métaphysique en appelait une autre : car la connaissance n'avance pas par l'hypothèse toujours commode de qualités occultes, disposées derrière les phénomènes et se dérobant sans cesse à l'étreinte de la pensée. On en est venu à remarquer avec Bacon que virtualités et substances ne sont rien pour nous ; bien plus, que ces entités obscures ne concourent nullement à l'explication de la réalité, qu'il n'y a dans la nature qu'une trame de faits dont le propre est de s'évoquer mutuellement. Et à partir de ce moment, les mathématiques et les sciences expérimentales ont pris un développement rapide et continu. La philosophie elle-même ne peut avancer qu'à condition d'entrer dans la même voie. Si cette science capitale, où se résument toutes les autres sciences et d'où dépend le bonheur de l'humanité, n'a fait que piétiner sur place ou revenir en arrière, il faut l'attribuer à la fausse idée qu'on s'en est faite : on a voulu connaître l'inconnaissable. Par conséquent, c'est la période positive, exclusivement positive, qui constitue la dernière phase de l'évolution humaine ; c'est dans la période positive que la raison doit par une synthèse définitive atteindre son plein développement, que la volonté doit conquérir son idéal, et l'activité un empire toujours croissant sur les forces de la nature ; c'est dans la période positive que notre planète, sous le double effort de la prévision et de la bonne volonté, doit se changer en un autre Éden.

Il ne faut pas croire toutefois que ces trois périodes de l'esprit humain se succèdent avec une rigueur mathématique, que l'une commence à l'endroit précis où l'autre finit. De telles démarcations n'ont rien de conforme à la vie réelle. Les trois périodes de la pensée empiètent les unes sur les autres : c'est au sein même de la précédente que la suivante prend son origine. Il en est comme de la lumière du soleil, qui gagne peu à peu sur la nuit, comme de la nuit, qui éteint à la longue jusqu'aux derniers rayons du jour. Mais à qui sait discerner les traits dominants de l'histoire de notre race, il paraît manifeste que la raison a parcouru trois étapes et qu'elle n'en parcourra pas d'autres [1].

Il n'y a donc que des phénomènes. De plus, ces phénomènes ne sont que du mouvement. Le monde ne se développe pas tout entier sur un même plan. Les faits qui le constituent, forment une sorte de hiérarchie; et cette hiérarchie est telle, qu'en allant du simple au complexe, ou, si l'on veut, du général au particulier, on trouve toujours que le fait supérieur n'est qu'une combinaison plus savante des éléments qui composent le fait inférieur. « Il est « possible de classer les phénomènes en un petit « nombre de catégories naturelles disposées d'une « telle manière, que l'étude rationnelle de chaque « catégorie soit fondée sur la connaissance des « lois principales de la catégorie précédente et de-« vienne le fondement de l'étude suivante [2] ». Ainsi les fonctions affectives et intellectives n'ont pas une qualité spécifique. « Leur étude se ramène « à l'étude à la fois expérimentale et rationnelle « des divers phénomènes de sensibilité inférieure, « propres aux ganglions cérébraux dépourvus de

---

1. *Cours de phil. positive*, Ire leçon.
2. *Ibid.*, IIe leçon.

« tout appareil extérieur immédiat, ce qui ne cons-
« titue qu'un simple prolongement général de la
« physiologie animale proprement dite, ainsi éten-
« due jusqu'à ses dernières attributions fondamen-
« tales [1] ». La psychologie se réduit à la physiologie, parce que l'être psychique et l'être physiologique ne diffèrent que par la quantité. De même,
la physiologie n'est à son tour qu'un département
de la physique : « il est certain que la distinction
« entre la physiologie végétale et la physiologie
« animale, qui a une grande importance dans ce
« qui s'appelle physique concrète, n'en a presque
« aucune dans la physique abstraite [2] ». La physique, à son tour, n'est que la science du mouvement : de telle sorte que la philosophie, qui ne
peut être que la synthèse des sciences, n'est pas
autre chose que la mathématique, suivant l'heureuse formule de M. Ravaisson [3].

Toutefois, cette mathématique n'est pas celle des
nombres pris en eux-mêmes, mais bien celle des
nombres appliqués à la mesure de la réalité. Ces
phénomènes, en effet, ne se lient pas entre eux
comme les termes d'une équation ou les corol-

---

1. *Cours de phil. positive*, XLVᵉ leçon.
2. *Ibid.*, Iᵉʳ vol., IIᵉ leçon.
3. *Rapport sur la philos. en France au XIXᵉ siècle.*

laires d'une proposition géométrique ; ils se succèdent enchaînés les uns aux autres par des relations invariables. L'univers est un tout formé d'antécédents et de conséquents qui se développent d'après la loi inéluctable de la causalité.

Ainsi tout est phénomène. Tout phénomène est mouvement, au sens mécanique du terme : tout mouvement résulte d'un antécédent qui le nécessite, et nécessite à son tour son conséquent. « Dans l'état
« positif, l'esprit humain, reconnaissant l'impossibi-
« lité d'obtenir des notions absolues, renonce à re-
« chercher l'origine et la destination de l'univers et
« à connaître les causes intimes des phénomènes
« pour s'attacher uniquement à découvrir, par
« l'usage bien combiné du raisonnement et de l'ob-
« servation, leurs lois effectives, c'est-à-dire leurs
« relations invariables de succession et de simili-
« tude. L'explication des faits, réduite alors à ses
« termes réels, n'est plus désormais que la liai-
« son établie entre les divers phénomènes particu-
« liers et quelques faits généraux, dont les progrès
« de la science tendent de plus en plus à diminuer
« le nombre [1] ». On arrivera, par cette méthode trop longtemps ignorée, à une formule unique,

---

1. *Cours de phil. positive*, IVe leçon.

qui, placée comme un soleil au sommet de la pyramide de la science, donnera l'intelligence de l'univers entier.

Évidemment, jamais système philosophique ne fut plus éloigné du libre arbitre que la théorie d'Auguste Comte : non seulement elle n'admet aucun principe métaphysique ; mais, dans les faits eux-mêmes, elle ne voit qu'un mécanisme brutal. Cependant Auguste, par une heureuse inconséquence, a prétendu sauver la liberté [1].

Cette théorie, Stuart Mill l'adopte dans son fond, mais en y faisant des restrictions et des additions assez importantes. D'abord, il n'approuve pas le phénoménisme absolu d'Auguste Comte. Il y a, d'après lui, derrière le rideau des représentations sensibles, une possibilité permanente de les produire. De plus, il regarde le problème de l'existence de Dieu comme une question ouverte. « La philosophie po-
« sitive, dit-il, maintient que, dans l'ordre existant
« de l'univers ou plutôt de la partie qui nous en
« est connue, la cause directement déterminante de
« chaque phénomène est non pas surnaturelle, mais
« naturelle. Il est compatible avec ce principe de
« croire que l'univers a été créé, et même est con-
« tinuellement gouverné par une intelligence, pour-

---

[1]. *Catéchisme positiviste*, p. 146 ; — *Cours de philosophie positive*. III.

« vu que nous admettions que le gouverneur in-
« telligent adhère à des lois fixes, qui ne sont modi-
« fiées ou contrariées que par d'autres lois de même
« dispensation et auxquelles il n'est jamais dérogé
« d'une manière capricieuse ou providentielle »[1].
Et ce tempérament, que Stuart Mill apporte à la
philosophie de Comte, vient de sa théorie de la
connaissance elle-même. Aux yeux du mathématicien français, il y a des dérivations logiques, il
y a des connexions d'idées. Le philosophe Anglais,
conformément à la tradition dominante des écoles
de son pays, n'admet que des consécutions d'images. Partant, nous n'avons, selon lui, que des connaissances de fait; nous manquons absolument de
connaissances de droit. Tout ce que nous pouvons
dire, c'est que certains phénomènes se sont toujours produits dans tel ordre et qu'il y a quelque
chance pour qu'ils se produisent ainsi dans l'avenir. Notre science ne peut dépasser le champ de
l'expérience. Par là même, qu'y a-t-il en dehors
des faits? C'est une question qu'il n'est pas moins
présomptueux de résoudre par la négation que
par l'affirmation. Nous n'avons pas de lien logique qui rattache les phénomènes à un au-delà.

1. *Auguste Comte et le positivisme*, p. 16. Traduct. de M. le Dr G. Clémenceau.

Stuart Mill ouvre le réseau tissé par Auguste Comte. De plus, tandis que celui-ci s'acharne à n'employer que la méthode extérieure, celui-là, au contraire, pénètre dans le domaine de la psychologie et démolit une à une toutes les preuves de la liberté qu'on a fondées sur le témoignage de la conscience. A ses yeux, le sentiment du pouvoir n'est qu'une illusion. « La conscience me dit ce que je fais ou ce « que je sens. Mais ce que je suis capable de faire « ne tombe pas sous la conscience. La conscience « n'est pas prophétique ; nous avons conscience de « ce qui est, non de ce qui sera ou de ce qui peut « être. Nous ne savons jamais que nous sommes « capables de faire une chose qu'après l'avoir faite, « ou qu'après avoir fait quelque chose d'égal ou de « semblable » [1]. Par conséquent, la conscience du pouvoir n'a de sens que si on la réduit à la réviviscence d'un fait ou souvenir : et dès lors, toute la question est de savoir si nous saisissons l'acte libre sur le vif, si l'acte libre est impliqué dans l'effort. Or il n'en est rien. Il n'y a dans l'effort qu'un conflit de mobiles ; et dans ce conflit, je ne tire rien de moi-même : je suis passif. Si l'on constate que l'effort produit une certaine dépense d'énergie nerveuse, cet effet s'explique. La lutte des

---

1. *La phil. de Hamilton*, c. XXVI.

représentations et des tendances ne se passe pas en un clin d'œil ; elle dure un certain temps, et de là cette déperdition de force que l'on a remarqués. L'erreur est de croire que, dans l'effort, il y a d'un côté le *moi*, de l'autre une énergie extérieure dont il faut triompher. Il est évident que, toutes les fois que je délibère, « je suis les deux parties enga-« gées dans la lutte. Le conflit a lieu entre moi et « moi ». Je ne diffère pas des représentations qui se font concurrence au dedans de moi-même. Je n'en suis que la conscience ; et cette conscience, c'est encore elles.

D'ailleurs, la liberté n'est point une condition de la vie morale, comme on l'a répété tant de fois. Qu'on supprime la liberté, il y aura toujours des personnes plus ou moins vertueuses, plus ou moins intelligentes, et par là même plus ou moins dignes de respect ; il y aura toujours une harmonie naturelle des choses, un bien moral. Qu'on supprime la liberté, et le remords trouvera encore une raison explicative. La crainte du châtiment est devenue peu à peu le respect de l'ordre que le châtiment servait à protéger. Qu'on supprime la liberté, et les sanctions qu'on ajoute aux lois sociales n'en seront pas moins légitimées et par le besoin d'amender le coupable et par la nécessité de protéger le bien public contre ses adversaires [1].

La liberté n'est pas prouvée, la liberté n'est nécessaire ni à la vie de l'individu ni à la vie de la société. Mais, d'autre part, elle n'est pas absolument impossible. Ce que l'on démontre, c'est qu'elle n'entre pas dans la série des faits observables. Partant, le problème de la liberté reste ouvert, comme toutes les autres questions de l'ordre métaphysique. Il est permis de croire à la liberté, parce qu'il est permis de croire que, dans d'autre planètes que la nôtre, le principe de causalité ne trouve plus son application.

Comte et Mill se sont placés au point de vue expérimental. C'est au nom de l'observation qu'ils nient l'un et l'autre la liberté. Herbert Spencer se met à peu près exclusivement au point de vue métaphysique, bien que les apparences plaident le contraire. Il parle aussi de science ; il fait successivement appel à la géologie, à la physiologie, à la chimie, à la physique. Mais, si l'on y regarde de près, on voit bien vite qu'au moins pour la liberté, cette vaste et indigeste érudition n'a de force qu'autant qu'on lui donne pour levier un principe qui dépasse la science. C'est ce que je vais essayer de faire comprendre.

---

1. *La phil. de Hamilton*, c. XXVI.

Herbert Spencer part du principe de la conservation, entendu dans le sens que lui donnent les savants : il y a toujours la même quantité de mouvement dans le monde ; par là même, à tout mouvement qui cesse succède un mouvement équivalent.

Ce principe, il l'applique d'abord aux phénomènes physiques, et sur ce point il ne fait que répéter Grove et Laplace. Il passe ensuite aux phénomènes organiques, puis aux sensations, et, sur ces deux questions pourtant si graves, il n'apporte à l'appui de sa thèse que des preuves peu concluantes. Enfin, il en vient aux faits spontanés et à partir de cet endroit il est important de le suivre ; car nous sommes au seuil de la liberté.

Comment expliquer la spontanéité ? Entre l'indignation causée par une insulte et les cris bruyants ou les actes de violence qui la suivent, on peut dire qu'il y a une connexion ; à quoi tient-elle ? d'où vient la foule d'idées et la masse de sentiments qui éclatent dans ces démonstrations ? D'où sort cette immense décharge d'activité qu'un chuchotement, un regard peuvent provoquer ? Voici la réponse, dit Herbert Spencer : « Les corrélatifs « immédiats de ces modes de conscience et de cer-« tains autres ne se trouvent pas parmi les forces « qui agissent sur nous du dehors, mais dans des

« forces internes. Les forces dites vitales... sont
« les sources d'où jaillissent directement ces pen-
« sées et ces sentiments, et se dépensent à les pro-
« duire. Il y en a diverses preuves. En voici quel-
« ques-unes. C'est un fait évident que l'activité
« mentale dépend de l'existence d'un certain appa-
« reil nerveux et qu'il y a une relation, dissimulée
« sans doute sous le nombre et la complication des
« conditions, mais qu'on peut suivre entre les di-
« mensions de cet appareil et la quantité d'action
« mentale mesurée par ses résultats. En outre, cet
« appareil a une certaine constitution chimique
« dont son activité dépend, et il y a en lui un élé-
« ment dont la quantité présente une connexion
« constatée avec la quantité de fonction accomplie ;
« il y a dans le cerveau du phosphore, dont la pro-
« portion est au minimum dans l'enfance, la vieil-
« lesse et l'idiotie, et au maximum à la fleur de la
« vie ; il faut remarquer aussi que l'évolution de la
« pensée et du sentiment varie, toutes choses res-
« tant égales d'ailleurs, avec l'arrivage du sang au
« cerveau. D'une part, la cessation de la circulation
« cérébrale, à la suite de l'arrêt des mouvements du
« cœur, amène incontinent l'inconscience. D'au-
« tre part, un excès de circulation cérébrale (tant
« qu'elle n'est pas de nature à causer une pression

« insolite) provoque une excitation allant jusqu'au
« délire. Ce n'est pas seulement la quantité, c'est
« aussi la composition du sang qui traverse le
« système nerveux, qui influence les manifesta-
« tions mentales. Les courants artériels doivent
« être convenablement oxygénés pour produire
« une cérébration normale »[1]. En un mot, di-
mensions et constitution chimique du cerveau, af-
fluence et composition du sang : tels sont les
principes qui expliquent la spontanéité. Et cette
explication est donnée comme universelle : elle
doit valoir pour une mère qui tombe foudroyée
en apprenant subitement la mort de son fils,
comme pour un animal qui passe indifférent à
côté du cadavre de son petit. Entre les deux cas,
il n'y a qu'une différence d'état nerveux.

L'équivalence des mouvements explique la spontanéité ; elle explique aussi la liberté proprement
dite et voici comment.

Nos états psychiques ont une tendance plus ou
moins grande à s'évoquer les uns les autres, suivant que, dans les expériences antérieures soit de
l'individu soit de la race, ils ont fait plus ou moins
souvent partie d'une même série d'actions. Ils se

---

1. *Premiers principes*, c. viii.

tiennent d'autant plus solidement que leur répétition, faite toujours dans le même ordre, les a réunis un plus grand nombre de fois. De là deux sortes de représentations dans notre conscience. Il y a des représentations qui produisent automatiquement, c'est-à-dire d'une manière immédiate et infaillible, tel mouvement ou telle série de mouvements. Par exemple, si je viens à faire un faux pas, la conscience du danger détermine d'elle-même une attitude de mon corps dont le résultat est de m'empêcher de tomber. A la vue d'un régiment qui passe, on se met naturellement au pas militaire. Livingstone raconte que, pour calmer les populations sauvages du centre de l'Afrique, il n'avait qu'à prendre un instrument de musique. Elles se mettaient instinctivement à gambader. Il existe, au contraire, des représentations qui ne sont encore qu'imparfaitement agrégées aux actions qu'elles appellent. Par exemple, l'idée qui me peut venir de remuer le bras ou la jambe, ne produit pas fatalement son effet. Entre la représentation et son résultat mécanique, il peut se produire, dans ce cas, un intervalle plus ou moins long, une sorte d'oscillation de l'activité ; il peut même arriver qu'aucun mouvement n'ait lieu. Ce défaut de cohésion entre nos états représentatifs et certains effets extérieurs : voilà une première forme de la liberté. Mais ce n'en est que la forme la plus simple. Les actes libres ont généralement des conditions plus complexes.

D'ordinaire, il y a conflit entre deux ou plusieurs séries d'états conscients dont chacun a des prétentions à se manifester au dehors. Dans ce cas, chacune de ces séries grandit sous l'effort de la lutte jusqu'à ce que l'une d'entre elles l'emporte finalement et incline en sa faveur la balance du désir. Ainsi « la volonté est le passage d'une excitation « naissante à la réalité, passage lent et ralenti par « le conflit d'autres excitations [1] ».

Que telle soit la véritable interprétation de l'acte libre, c'est ce qui résulte : 1º de la loi de l'équivalence des mouvements ; 2º de cette autre loi, propre au monde intérieur, d'après laquelle la cohésion des états psychiques est proportionnée à la fréquence de leur union dans l'expérience. De plus, on peut étayer cette thèse sur la nature même des actes volontaires. « Que chacun ait la liberté de faire ce qu'il désire faire (supposé qu'il n'y ait pas d'empêchement extérieur), c'est ce que tout le monde admet, quoique bon nombre d'opinions confuses supposent que c'est là ce qu'on nie. Mais

---

1. *Principes de Psychologie*, c. IX.

que chacun ait la liberté de désirer ou de ne pas désirer, ce qui est la proposition réelle impliquée dans le dogme du libre arbitre, c'est ce qui est en désaccord avec la perception interne de chacun ». En d'autres termes, la conscience ne dépose pas en faveur de la liberté. Bien plus, et c'est là l'idée personnelle d'Herbert Spencer, la conscience mieux interrogée, suivie à travers l'évolution des états qui la constituent, atteste clairement que la liberté, entendue à la façon traditionnelle, n'est qu'une belle illusion. En effet, l'acte volontaire ne peut être regardé comme spécifiquement distinct de la forme qu'il doit revêtir un jour; or tout acte volontaire tend à devenir automatique. « Ainsi,
« tandis que l'enfant qui apprend à marcher veut
« chaque mouvement avant de le faire, l'adulte,
« quand il va quelque part, ne pense point à ses
« jambes, mais à quelque endroit vers où il veut
« se diriger, et dans les pas qu'il fait sucessivement
« il n'y a pas plus ou pas beaucoup plus de volonté
« que dans la succession de ses mouvement respi-
« ratoires [1] ». On remarque le même passage de la liberté à l'automatisme dans la connaissance des langues, de l'art d'écrire, de la musique, etc. La

---

1. *Principes de Psychologie*, c. ix.

liberté, par conséquent, n'est pas, comme on l'a dit si souvent, le privilège de l'homme, sa plus haute prérogative, le sommet de l'évolution. La liberté se manifeste surtout au début de l'activité consciente, elle diminue au fur et à mesure que cette activité, sous l'effort d'expériences emmagasinées, s'adapte plus sûrement à son but. Elle aura disparu, pour faire place à l'universel automatisme, quand le monde moral sera parvenu, comme tout le reste, à l'idéal d'harmonie dont il recèle le principe en lui-même.

L'acte libre a sa physionomie à part dans l'immense évolution du cosmos ; mais il n'en est pas moins un cas du principe de l'équivalence des mouvements. Car ce principe est universel. Rien n'y peut échapper. Toute hypothèse, soit sur le monde physique, soit sur le monde physiologique, soit sur le monde mental, qui n'en respecte pas l'absolue vérité, doit être par là même taxée d'erreur : la nature ne peut être qu'une série de causations mécaniques.

Mais alors, sur quoi repose ce grand principe de la corrélation des mouvements, au nom duquel on condamne la psychologie et la morale traditionnelles, qui veut que la liberté soit désir, le désir sensation, la sensation fonction cérébrale ?

Quelles raisons impérieuses apporte-t-on à l'appui d'une loi où s'évanouissent à la fois Dieu, la liberté morale, le devoir, c'est-à-dire tous les dogmes que les générations humaines se sont toujours transmis comme des vérités inébranlables et nécessaires à la vie individuelle et sociale? Ces raisons, les voici, au dire d'Herbert Spencer. Ce n'est pas la science qui a démontré le principe de la corrélation des mouvements. Elle ne l'a pas démontré, parce qu'elle ne le peut pas, parce qu'il y a cercle vicieux dans toute démonstration expérimentale de cette nature. On ne peut mesurer le mouvement qu'à l'aide d'une unité de mouvement. Dès lors l'expérience n'aboutit que si l'on suppose que cette unité ne change pas; ce qui est supposer la question [1]. Le principe de la corrélation des mouvements ne supporte qu'une démonstration métaphysique. En quoi consiste donc cette démonstration? Le principe de la corrélation des mouvements se réduit à la persistance de la force, la persistance de la force à l'éternité de la matière. Rien ne se perd, rien ne se crée : telle est la dernière formule à laquelle se ramène le principe de la corrélation des mouvements. Mais

---

1. *Premiers principes*, c. VI.

dans ce cas, c'est qu'Herbert Spencer a trouvé une vue profonde, aussi puissante que nouvelle, et qui fait avancer dans le sens déterministe le principe de la raison suffisante. Suivons-le donc avec confiance jusqu'au bout à travers les méandres que décrit sa pensée. La première raison qu'il fournit à l'appui d'un principe où l'expérience, comme il l'avoue lui-même, n'a nul moyen d'atteindre, c'est que l'expérience n'a jamais constaté ni création ni annihilation de matière. La seconde preuve, c'est que l'anéantissement de la matière est chose inconcevable. « La pensée est une position de relations ». On ne peut donc penser quand l'un des termes de la pensée est absent de la conscience. Or, c'est le cas qui se produit soit qu'on imagine que rien devient quelque chose ou que quelque chose devient rien. J'avoue, malgré mon respect profond pour le talent d'Herbert Spencer, que je n'ai jamais vu si formidable assertion appuyée sur des raisons aussi chétives. Une telle façon d'argumenter nous ramène à l'âge de Thalès.

Je cherche maintenant ce qu'il y a de sérieux dans le déterminisme scientifique et je n'y trouve qu'un fondement solide, mais qui dépasse infiniment la science : à savoir le principe de la raison suffisante. C'est ce principe sur lequel il aurait fallu, par une analyse patiente, jeter une nouvelle lumière. Le déterminisme scientifique ne l'a pas fait avancer de l'épaisseur d'une ligne. Par là même, ses échafaudages n'ont aucune valeur : ce sont des constructions en l'air.

II

Le déterminisme scientifique a revêtu différentes formes. Il en va de même du déterminisme psychophysiologique.

L'opinion la plus avancée consiste à soutenir que tout état psychique, y compris la conscience, « n'est qu'un phénomène vibratoire de même or« dre et de même nature que tous les phénomènes « vibratoires connus jusqu'ici »[1]. Idées, images, volitions, désirs, émotions et pensées sont autant de faits physico-chimiques, se réduisent par là même au travail mécanique, au mouvement. Entre l'être raisonnable et la matière brute il n'y a qu'une différence d'arrangement moléculaire. Il faut étendre à l'homme ce que Descartes disait de l'animal : L'homme n'est qu'une machine. On a pu douter de la valeur de cette solution, aussi longtemps qu'on s'en est tenu à la méthode stérile de l'observation intérieure. Le moyen de connaître le rapport que soutient la pensée avec la matière, du moment qu'on limitait ses efforts à l'étude de la pensée. Mais la science est venue, avec des

---

1. Revue scient., 15 janvier 1887, *la pensée et le travail chimique*, Richet.

méthodes plus précises, mettre à nouvelle épreuve le grave problème du travail psychique et du travail mécanique ; et la conclusion, c'est qu'entre l'un et l'autre il n'y a pas de différence de nature. La science a tout un système de preuves pour démontrer qu'aucun phénomène mental ne fait exception à l'immense théorie du mouvement.

D'abord, ne serait-il pas étrange que l'activité psychique fût irréductible au mécanisme ? « Quoi ! nulle part, pour aucun phénomène, la for-
« ce n'apparaît sans provenir d'une énergie quel-
« conque, sans avoir un certain équivalent ther-
« mique ou mécanique. Et la pensée serait sous-
« traite à cette grande loi » ! Il faudrait, pour l'admettre, une démonstration directe, irréfutable ; or cette démonstration, personne ne l'a faite. D'ailleurs, d'où pourrait procéder une telle preuve ? de l'observation intérieure ; mais l'observation intérieure est jugée. On l'a vue à l'œuvre, elle n'a rien donné de définitif. La science reste donc maîtresse ; or la science condamne l'irréductibilité des phénomènes psychiques au nom de l'induction la plus solidement fondée qui fût jamais, au nom de l'équivalence des mouvements [1].

---

1. *Ibid.* — Voir aussi revue scient. 22 janvier 1887, *activité cérébrale*, Herzen.

Mais la science a des raisons plus directes de tout ramener au travail mécanique, et la première de ces raisons s'étaie sur la nature du processus nerveux.

Le processus nerveux comprend deux phases distinctes : un mouvement centripète et un mouvement centrifuge, l'ébranlement du centre sensitif et l'ébranlement du centre moteur. C'est entre ces deux phases que se produit le phénomène psychique : c'est là que l'impression extérieure est sentie et comprise, là que surgissent la représentation de l'acte à accomplir et le désir de l'exécuter ; bref, c'est là que doit entrer en jeu cette énergie sans équivalence qu'on appelle mentale. Or il se trouve que dans le tissu nerveux il n'y a pas de place pour elle. En effet, le tissu nerveux ne présente pas d'interruption. « Depuis l'entrée de l'impulsion ex« terne jusqu'à la sortie de la réaction, la série « mentale n'est jamais et nulle part disjointe de « la série physique corrélative ». L'activité psychique se déploie au sein des éléments nerveux ; elle en est un mode ; par là même on n'y peut voir autre chose qu'un mouvement moléculaire, physico-chimique [1].

L'activité psychique se déploie donc au sein de

1. Revue scient. Herzen.

l'activité physiologique. De plus, elle lui est proportionnelle. Entre les phénomènes psychiques et les phénomènes physiologiques il existe une double corrélation : une corrélation dynamique et une corrélation thermo-dynamique. La première dérive des expériences de Fechner et de Weber. On peut ergoter, il est vrai, contre les résultats obtenus par ces deux psycho-physiciens. On peut démontrer dans une certaine mesure que leurs conclusions n'ont pas la précision mathématique qu'ils leur ont prêtée. Mais il n'en reste pas moins établi que l'intensité de la sensation suit une marche parallèle à l'intensité de l'excitation, que la conscience correspond à l'impression physiologique comme la chaleur au mouvement, qu'il y a équivalence entre l'une et l'autre. Il existe également une sorte de corrélation thermo-dynamique entre l'activité psychique et l'activité physiologique, et voici comment on le démontre. Le moyen qu'on emploie à l'établir est détourné, mais il n'en a pas moins d'efficacité. Comme l'a très bien fait voir M. Schiff, lorsqu'on excite un nerf moteur, on voit le muscle s'échauffer tout en produisant du travail mécanique. Qu'on excite un nerf sensitif, on voit le cerveau s'échauffer tout en produisant du travail psychique. En d'autres termes, si l'on représente par T le travail mécanique du muscle, par t le travail psychique du cerveau, on a les deux équations suivantes :

$$\text{excit. musc.} = T + \text{chaleur,}$$
$$\text{excit. cérébr.} = t + \text{chaleur.}$$

La contraction musculaire et l'acte psychique ne diffèrent que par la nature du travail qu'ils comprennent. Or cette différence s'évanouit, si l'on vient à comparer l'étude du muscle à celle du cerveau. « La cellule nerveuse et la cellule musculaire ont une telle ressemblance quant à leur origine embryologique, leur mode de formation, leur constitution physiologique, leur fonctionnement dynamique et chimique, que ce qui est vrai du muscle est vrai du système nerveux. On peut dès lors tenir pour égales les deux équations précédentes et écrire :

$$T + \text{chaleur} = t + \text{chaleur.}$$
$$T = t.$$

Les phénomènes psychiques soutiennent avec les phénomènes physiologiques un rapport constant d'intensité et de chaleur. En outre, il existe entre ces deux ordres de faits un commerce perpétuel d'actions et de réactions chimiques. Tout le monde connaît l'influence mentale de la morphine, de l'alcool, du hachich, de l'opium. On a constaté

1. Richet, *L'homme et l'intelligence*, III. *Les poisons de l'intelligence.*

aussi que l'acide carbonique, l'urée, les phosphates, la température augmentent sous l'action du travail psychique, diminuent par le sommeil ; que chez les aliénés la température s'élève dans la manie, s'abaisse dans la mélancolie ; que chez les crétins et les idiots la température n'est que de 36° : ce qui suppose qu'il se produit tantôt une action chimique du mental sur le physique, tantôt une action chimique du physique sur le mental. Mais il faut dès lors que ces deux choses se ramènent à l'identité ; car le moyen de concevoir une influence réciproque de la pensée et de la matière, si la pensée est spirituelle et par là même privée de toute étendue [1].

La science ne juge pas seulement de la nature de l'activité psychique par ses relations avec l'activité physiologique ; elle a sa manière de l'atteindre en elle-même, de l'apprécier par ses caractères internes. La science a constaté la divisibilité des phénomènes psychiques. Il y a déjà longtemps que Büchner faisait remarquer que la conscience n'a point la simplicité que la psychologie s'est plu à lui prêter. « L'animalcule « le plus chétif, disait-il, possède une conscience et « une conscience de soi-même, et lorsqu'on coupe

---

1. Revue scientifique, Richet.

« en morceaux un polype ou un ver, chaque mor-
« ceau continue à vivre comme un individu isolé,
« pourvu de sa conscience bien distincte. Un in-
« fusoire, qui se reproduit par division, a fait
« dans l'espace de quelques instants, par la sépa-
« ration de son corps en deux parties, une dou-
« ble conscience de soi-même aux dépens de la
« conscience simple de soi-même qu'il possédait
« antérieurement »[1]. Aujourd'hui, on peut renchérir sur l'affirmation du philosophe allemand ; on a le droit d'ajouter, en généralisant sa pensée, que le germe de tout être vivant est une parcelle de la substance des parents, qui emporte en elle-même son principe complet d'évolution, c'est-à-dire ce qui doit constituer sa vie psychique ultérieure aussi bien que ce qui doit constituer sa vie physiologique. Tout embryon est un dédoublement de conscience, une division de ce qu'on regarde comme indivisible. C'est ce qu'établit la loi d'après laquelle se développe le protoplasma vivant, et qui n'est autre chose qu'une rigoureuse application du principe de continuité ; c'est aussi ce que démontre avec force la loi de l'hérédité morale.

[1]. Büchner, (A. Cornill : *Materialismus und idealismus in ihren, gegen wärtigen entwickelungs-Krisen* (1860).

L'activité psychique est divisible, elle l'est jusqu'à cet élément d'elle-même qui semble à l'abri de tout soupçon de divisibilité et qu'on appelle conscience. On a constaté, de plus, qu'elle se comporte comme un mouvement, qui se passe entre deux points de l'espace ; on a constaté qu'elle n'est qu'un mouvement. Les actes psychiques ont une durée ; et cette durée, on a réussi à la mesurer. L'expérience souffre moins de difficulté qu'elle n'en a l'air au prime abord. « Une secousse électri« que frappe alternativement le pied droit ou le « pied gauche d'un individu qui doit indiquer par « un mouvement de la main droite l'instant où il « perçoit la secousse. Son temps physiologique « est T. Maintenant on s'arrange de manière que « la secousse électrique frappe l'un des pieds du « sujet, à son insu, et qu'il réagisse seulement lors« qu'elle frappe son pied droit et non le gauche : « immédiatement le temps physiologique est accru, « il est $T + t$. Eh bien, t correspond à l'acte pure« ment psychique de la distinction entre gauche et « droite : c'est le temps psychologique. Ce temps « s'allonge encore, si l'on convient que le sujet « doive réagir avec la main correspondante au « pied irrité, car alors il s'y ajoute le temps re« quis pour le choix de la main (droite ou gauche

« à mettre en action; il devient T + t + t' »[1]. Voilà le fait. Quelle conclusion faut-il en tirer? que, si l'acte psychique exige un certain temps pour se réaliser, c'est qu'il existe un milieu étendu où il se transmet de proche en proche, c'est que le phénomène psychique se produit à la manière d'une traînée de poudre, c'est qu'il est un mouvement, au sens mécanique du mot[2].

Ainsi, sous quelque aspect qu'on étudie l'activité mentale, qu'on la considère dans les rapports dynamiques, thermo-dynamiques, chimiques qu'elle soutient avec l'activité matérielle, ou qu'on l'examine dans la durée de ses effets et sa nature intime, on aboutit toujours à la même conclusion : la pensée est du mouvement. « Quand la lumière
« solaire actionne une plaque photographique,
« elle va produire sur le sel d'argent une certaine
« décomposition chimique, qui répond à une cer-
« taine somme d'énergie. Quand un paysage passe
« devant nos yeux, il provoque, au lieu de l'i-
« mage photographique et de la réduction de cer-
« tains sels métalliques, une sensation perçue par

---

1. Revue scient., Herzen, *activité cérébrale*.
2. On pourrait trouver quelque trace de ce système dans les *contemplations* où le mot est défini : « formule des lueurs flottantes du cerveau ».

« la conscience ». Mais cette sensation et la conscience qui la perçoit ne sont pas spécifiquement distinctes du travail qui désagrège les sels métalliques : il n'y a de part et d'autre qu'un mouvement moléculaire.

Chose singulière, c'est qu'on n'a pas le droit de s'élever au nom de la logique contre des assertions, qui heurtent si violemment les plus profondes croyances de l'homme. La logique ne compte plus ; le criticisme kantien et le positivisme Anglofrançais l'ont tuée. On n'est plus fondé à dépasser la limite des phénomènes ; ce qu'on dit sur l'au-delà n'est qu'invention factice, rêve, illusion. On peut tout soutenir et tout combattre, quand on est une fois entré sur le domaine du possible : tout y est vrai, tout y est faux ; qu'on ne pose plus la question, aussi vaine que vieillie, de savoir si la matière peut penser. Qu'on n'argumente plus de la nature de la matière contre le matérialisme : ce sont des considérations qui n'ont plus de portée pour le savant. « Comment la cons« cience se forme-t-elle dans le cerveau, cela est « assez indifférent au matérialiste et il peut consi« dérer la pensée et la conscience comme étant une « espèce particulière de mouvement de la substan« ce matérielle, *in specie* de la substance du cer-

« veau, sans être contraint, en quoi que ce soit, à
« approfondir comment ce mouvement se pro-
« duit »[1]. On laisse ce noble souci à la métaphysique qui n'a plus rien à voir avec la science. Ainsi,
les partisans de la *pensée-mouvement* se tiennent
pour invincibles sur le terrain des faits et pour
tranquilles à l'égard des chicanes de la spéculation,
excepté peut-être lorsqu'il s'agit d'y trouver des
armes au service de leur cause[2].

*
* *

A côté de la théorie où l'on ramène la pensée au
mouvement, il en est une autre où l'on affirme que
la pensée est essentiellement irréductible au travail mécanique, mais qu'elle n'enveloppe rien que
de passif : c'est la fameuse théorie des idées-reflets.
La conscience n'a pas d'activité qui lui soit propre,
elle n'est que le symbole de l'énergie que recèle
l'organisme. C'est en vertu des mouvements physiologiques et parallèlement à ces mouvements que se
déroulent en nous-mêmes idées, images, volitions,
désirs, émotions, pensées. La lumière de l'étoile qui
brille dans les profondeurs du ciel ne change rien

---

1. Büchner, *Ib*.
1. Herzen, art. cité.

aux flots de l'océan qu'elle éclaire de ses rayons ; ainsi des phénomènes psychiques à l'égard du travail mécanique qui se continue sans relâche dans la partie physiologique de notre nature. Mais ce système présente lui-même deux variantes qu'il importe de distinguer.

D'après A. Bain, il n'y a qu'un phénomène véritablement psychique : c'est la conscience, y compris ses deux modalités principales qui sont le plaisir et la douleur. Il rejette dans l'organisme l'effort, le vouloir, le désir, tout ce qui est actif, et fonde sa manière de voir sur un ensemble d'observations qui offrent le plus vif intérêt.

Il existe une sorte de spontanéité nerveuse, qu'engendre l'action de la nourriture, qui précède toute apparition de la conscience, et qui peut par là même se convertir en travail mécanique, au même titre que la chaleur, l'électricité, le magnétisme, la décomposition chimique [1]. La présence de cette spontanéité est facile à constater chez l'adulte ; c'est elle qui fait que nous avons besoin de voir après une longue station dans une chambre noire, d'agiter nos bras et nos jambes après un long repos ou bien une étude intense ; c'est elle qui

---

1. *The senses an the intellect.*

tend à s'emmagasiner dans chacun de nos sens et y crée cette demi-douleur, dont a si bien parlé Leibnitz. Cette spontanéité se manifeste aussi et beaucoup plus fortement chez l'enfant ; de là son besoin instinctif, souvent irrésistible, de recevoir des impressions, de crier et de se mouvoir. Enfin, la même tendance au mouvement se révèle dans le fœtus lui-même ; il y a dans le fœtus un état de vigueur nutritive qui le détermine à remuer tel pied plutôt que tel autre. Il est d'ailleurs facile de constater un fait analogue chez les animaux : qu'on retienne pendant quelques jours un cheval de bonne race en son écurie. Lorsqu'on essaie ensuite de le monter, il va, il vient, il piétine, il n'a plus de patience : il sent un trop-plein d'activité dont il faut qu'il se délivre. De là sa gracieuse allure et l'agilité de ses mouvements.

Il y a dans l'organisme une spontanéité antérieure à l'apparition de la conscience. De plus, cette spontanéité se modifie, quand la conscience apparaît ; car avec la conscience commencent les émotions, et les émotions sont accompagnées d'une variation dans la partie active de notre nature. Les états de plaisir sont unis à un accroissement, les états de peine à une diminution de toutes les fonctions vitales ou de quelques-unes. Au plaisir correspond une augmentation de spontanéité, par là même de tendance à l'action ; à la douleur correspond un affaiblissement de spontanéité et par conséquent de tendance à l'action. L'émotion n'agit pas, elle ne contribue pas non plus à la précision des mouvements ; son rôle unique est d'annoncer en termes psychologiques ce qui se passe dans l'organisme. C'est une sorte de baromètre de la circulation vitale.

Jusqu'ici, nous ne savons que deux choses : l'existence de la spontanéité nerveuse et les lois d'après lesquelles varie son intensité. Il nous faut un élément de plus pour expliquer le vouloir. Comment la spontanéité se détermine-t-elle à telle action plutôt qu'à telle autre ? Quelle est la nature du mobile ? C'est par une série de tâtonnements que la spontanéité arrive à trouver son objet, c'est par une série plus ou moins longue d'expériences qu'elle aboutit à former, sinon avec cet objet, du moins avec sa représentation mentale une liaison assez intime pour que, cette représentation une fois donnée, elle reproduise l'acte antérieurement produit. Le canard qui sort de sa coquille éprouve bientôt le besoin de boire et de s'ébattre ; mais il ne sait point que l'eau est l'élément qui doit faire son bonheur. Il cherche et, quand il a une fois trouvé, il n'hésite jamais plus; du premier coup s'est établie en sa conscience une cohésion définitive entre la vue ou l'image d'une nappe d'eau et une espèce déterminée de mouvements. Le succès n'est pas toujours aussi facile. Ce n'est guère qu'à la fin de sa deuxième année qu'un enfant sait marcher. On ne parvient à fixer un objet que lorsqu'on sait fermer la bouche et aspirer : ce qui demande un certain nombre d'essais plus ou moins heureux.

Quelle que soit la longueur des expériences nécessaires à consolider tel ou tel couple de représentations et d'actions, il reste vrai que la spontanéité tend à l'automatisme. Ainsi la liberté est une phase de la vie animale, qui s'interpose entre l'activité nerveuse encore aveugle et la même activité définitivement orientée par les expériences antérieures. La liberté se réduit à une tendance organique dont le but n'est pas encore automatiquement fixé; la conscience qui l'accompagne ne la constitue pas, elle la constate. C'est ce que Bain essaie de mettre en lumière à l'aide d'un exemple familier. Un laboureur, le matin, se prépare à labourer un champ. A quelle mobile obéit-il? à sa spontanéité nerveuse éclairée par l'expérience. « La « vraie source, dit-il, le véritable antécédent de

« son pouvoir musculaire, c'est une large dépen-
« se d'énergie nerveuse et musculaire qui dérive
« en dernier ressort d'une bonne digestion et d'une
« saine respiration. C'est aujourd'hui une compa-
« raison évidente que celle d'un animal vivant avec
« une machine à vapeur, comme source d'un pou-
« voir moteur. Ce que le charbon en combustion
« est à la machine, la nourriture et l'air inspiré le
« sont à l'organisme vivant ; et la conscience qui
« se produit du pouvoir dépensé n'est pas plus
« la cause de ce pouvoir que l'illumination proje-
« tée par le fourneau de la machine n'est la source
« des mouvements engendrés »[1]. Toute activité
procède de l'organisme ; la pensée n'en est que l'é-
clairage.

L'éclairage psychique, c'est aussi le système de
M. Th. Ribot : mais ce système, il a sa manière de
l'entendre. D'abord, il le fonde principalment sur
la pathologie. De plus, tout en maintenant la théorie des idées-reflets, il fait une part un peu plus
large à la psychologie. Ce ne sont plus seulement
la conscience et les émotions, qu'on ne peut, d'a-
près lui, ramener au travail mécanique ; mais
encore le désir et le vouloir.

1. *Emotions and will*, c. VII.

Il faut distinguer trois manifestations de la volonté : l'effort musculaire, l'effort intellectuel ou attention, l'effort volitionnel ou résolution ; or tout ce qu'il y a d'actif dans ces trois phénomènes procède de l'organisme.

Que l'effort musculaire ne dépende nullement de la volonté, entendue à la façon de Maine de Biran, c'est ce que nous révèle la distinction que la pathologie est venue établir entre la décision proprement dite et l'exécution. Il y a, comme l'a constaté Guislain, des malades qui savent vouloir intérieurement, mentalement, selon les exigences de la raison et qui ne peuvent passer à l'action ; qui prennent la résolution de travailler et ne vont jamais, quoiqu'ils fassent, jusqu'au travail [1]. D'autre part, il se trouve des personnes qui, tout en ayant pleine conscience de leur situation, sentent qu'elles ne sont plus maîtresses d'elles-mêmes et qu'elles vont commettre des actes dont la seule idée suffit à les troubler. Tel est le cas de ce mélancolique, qui, tourmenté de la pensée du suicide, se leva la nuit, alla frapper à la porte de son père et lui cria : « Venez vite, le suicide me poursuit, bientôt je ne résisterai plus » [2]. Ainsi, tantôt l'effort musculaire ne

---

1. *Les maladies de la volonté*, p. 38-39.
2. *Ib.*, p. 76-77.

se produit pas lorsque la volonté s'y décide; tantôt, au contraire, il se produit lorsque la volonté n'y est pour rien : ce qui démontre scientifiquement quelle n'en est pas la cause. En outre, la psychophysiologie vient sur ce point à l'appui de la médecine. Le sentiment de l'effort musculaire a été récemment étudié par William James. Or le résultat de cette étude, c'est que ce sentiment est « une « sensation afférente complexe qui vient des mus- « cles contractés, des ligaments tendus, des articu- « lations comprimées, de la poitrine fixée, de la « glotte fermée, du sourcil froncé, des mâchoires « serrées etc. » [1].

L'effort musculaire, cette forteresse redoutable où l'on avait essayé de renfermer la liberté pour la mettre à l'abri de toutes les attaques, tombe donc comme tout le reste devant les révélations plus précises de l'observation extérieure. Loin d'être tout activité, comme on l'a dit longtemps, l'effort musculaire, celui qu'on nommait l'effort réfléchi, n'est qu'un phénomène passif, qui vient du sein des tissus nerveux s'imposer à la conscience.

Il en va de même pour l'effort intellectuel ou attention. Certaines personnes dont les facultés intellectuelles n'ont rien que de très normal, se trou-

[1] *The feeling of effort*, in-4°, Boston, 1880.

vent parfois dans l'impuissance de suivre une lecture. « Il m'arriva une fois, dit sainte Thérèse, que
« voulant lire la vie d'un saint, pour voir si je pou-
« vais trouver de la consolation dans ce qu'il avait
« souffert, j'en lus quatre ou cinq fois de suite qua-
« tre ou cinq lignes sans pouvoir jamais y rien com-
« prendre, quoiqu'elles fussent en langue vulgaire,
« ce qui me fit jeter le livre ; et la même chose
« m'est arrivée diverses fois, mais je ne me souviens
« que de celle-là [1] ». On sait que Coleridge était un causeur brillant, spirituel, intarissable, mais qui partait de toutes les prémisses pour arriver à toutes les conclusions ; il ne pouvait gouverner son esprit [2].

L'effort intellectuel, ou attention tient à l'état du système nerveux ; et l'on a des raisons de croire que c'est aussi le cas de l'effort volitionnel lui-même ou résolution. On ne sait pas encore, il est vrai, les centres nerveux dont ce dernier phénomène est la décharge ; mais on peut affirmer sans témérité que ces centres existent et l'on en fera tôt ou tard la découverte [3]. Il se produit, en effet, des maladies, qui démontrent que l'effort volitionnel

1. Sainte Thérèse, *Autobiographie*, trad. Arnauld d'Andilly.
2. *Les maladies de la volonté*, p. 96 et suiv.
3. *Ib.* p. 66.

n'est plus possible, quand l'état de l'organisme ne s'y prête pas. Telle est l'extase, où l'énergie nerveuse va tout entière s'absorber, dans une même idée ; telle est l'hypnose, où le sujet n'a d'autre volonté que celle de son expérimentateur.

Ces différentes considérations, très instructives par elles-mêmes, ne tendent, nous semble-t-il, qu'à préciser cette croyance vulgaire que la volonté dépend de certaines conditions organiques. Mais M. Ribot ne s'en tient pas là. Si ennemi qu'il soit de toute métaphysique, il se voit des ailes quand il s'agit d'explorer les sphères du système nerveux. Suivons-le donc dans ses déductions.

1º L'idée, l'émotion, le désir, la volition sont autant d'expressions passives d'états actifs qui tiennent au système nerveux. Tout principe d'activité réside dans l'organisme [1].

2º Par là même, la volition est un état de conscience final qui résulte de la coordination plus ou moins complexe d'états conscients, subconscients, ou inconscients, mais purement physiologiques, qui tous réunis se traduisent par une action ou un arrêt. Ainsi la volition « n'est cause de rien ». C'est une simple affirmation. « Le *je veux* constate une

---

1. *Les maladies de la volonté*, introd., conclusion.

situation, mais ne la constitue pas ». Il est comparable au verdict d'un jury [1].

3º Ces équivalents physiologiques de la représentation, de l'émotion et des inclinations, forment ce qu'on appelle le caractère individuel [2].

Telle est la conclusion de M. Ribot. Il faut avouer qu'il a bien fait de nous en avertir au cours de ses intéressantes anecdotes; car autrement il eût été difficile de la prévoir.

*
* *

D'après la théorie des idées-reflets, il y a des phénomènes psychiques; mais ces phénomènes sont purement passifs. Il existe une troisième espèce de déterminisme psychophysiologique, où la conscience n'a plus seulement droit à l'existence, mais encore au travail. D'illustres philosophes soutiennent qu'il y a des états psychiques et que ces états ont une activité qui leur est propre. Ainsi pensent Taine et M. Paulhan. Mais leurs systèmes sont marqués au coin d'une assez forte originalité pour ne pas se prêter à une seule et même exposition. Voici d'abord la pensée de Taine. Il

---

1. *Les maladies de la volonté*, introd., conclusion.
2. *Ib.*, voir aussi *Maladies de la personnalité*, conclusion.

sera déjà passablement difficile d'en donner une fidèle esquisse en se bornant à la saisir ; car elle est d'une cohérence plus apparente que réelle. Taine essaie de se mouvoir dans le cadre positiviste, mais son esprit puissamment logique ne réussit pas à s'y tenir : il s'y trouve à l'étroit et déborde à tout moment dans cette métaphysique qu'il couvre de tout son dédain de philosophe-savant.

C'est en vain qu'on essaie de ramener la pensée aux vibrations cérébrales. « Remplissez-vous les
« yeux et la mémoire des préparations anatomiques
« et des planches micrographiques qui nous montrent cet appareil : supposez la puissance du microscope indéfiniment augmentée et le grossissement poussé jusqu'à un million ou un milliard
« de diamètre. Supposez la physiologie adulte et la
« théorie des mouvements cellulaires aussi avancée
« que la physique des ondulations éthérées ; supposez que l'on sache le mécanisme du mouvement, qui, pendant une sensation, se produit
« dans la substance grise, son circuit de cellule à
« cellule, ses différences selon qu'il éveille une sensation de son ou une sensation d'odeur, le lien
« qui le joint aux mouvements calorifiques ou électriques, bien plus encore, la formule mécanique
« qui représente la masse, la vitesse et la position

« de tous les éléments des fibres et des cellules à un
« moment quelconque de leur mouvement. Nous
« n'aurons encore que du mouvement ; et un mou-
« vement, quel qu'il soit, rotatoire, ondulatoire,
« ou tout autre, ne ressemble en rien à la sensation
« de l'amer, du jaune, du froid ou de la douleur.
« Nous ne pouvons convertir aucune des deux con-
« ceptions en l'autre et partant les deux événements
« semblent être de qualité absolument différente ;
« en sorte que l'analyse, au lieu de combler l'in-
« tervalle qui les sépare, semble l'élargir à l'in-
« fini »[1].

La sensation ne se réduit pas aux vibrations cérébrales. Il en va de même pour l'appétition. Ad-
mettons que l'amour corresponde à un mouvement
en spirale dextre des molécules du cerveau, la
haine à un mouvement en spirale sénestre. Nous savons par là que, lorsque nous aimons, le mouvement se produit dans telle direction, que, quand
nous haïssons, il se produit dans telle autre. Nous
ignorons encore et de tous points ce que sont
l'amour et la haine. Impossible de ramener les
formes de la vie mentale au mouvement, comme
on ramène le mouvement à la chaleur, à la lumière,
à l'électricité. Quand on a épuisé l'idée du mouve-

1. Revue phil., Janvier 1877.

ment, on ne sait encore rien de la conscience. De l'un à l'autre pas de passage direct.

Non seulement les faits psychiques se distinguent des faits physiologiques, mais encore ils sont doués d'activité ; bien plus, cette activité fait le fond de notre nature. C'est là une manière de voir qu'il est difficile de dégager des premiers ouvrages de Taine, mais qui se révèle clairement dans l'article déjà cité ; et voici par quel chemin il y aboutit. La pensée et le mouvement se manifestent à nous comme irréductibles l'une à l'autre. Mais ce n'est pas à dire qu'ils n'aient un fond commun par lequel ils s'identifient. Nous en jugeons du point de vue sous lequel ils nous apparaissent. Nous en jugeons par la conscience et par les sens. Mais ni la conscience ni les sens n'épuisent leur objet respectif. La réalité déborde toujours la connaissance, qu'il s'agisse du dedans ou du dehors. Il y a un endroit et un envers à tout ce que nous percevons. Par là même, il se peut que les faits psychiques et les faits physiologiques, bien qu'irréductibles pour nous, soient réductibles en eux-mêmes par cette face de leur réalité qui échappe aux prises de notre pensée. Il y a place et place égale « pour deux hypothèses, pour celle de deux événements hétérogènes et pour celle d'un seul et même événement connu sous deux aspects » : il s'agit de choisir ; mais le choix ne semble pas difficile. On ne peut plus revenir aux hypothèses métaphysiques de Descartes, de Malebranche et de Leibnitz ; car elles n'ont rien que de fantaisiste. En outre, elles reçoivent de l'expérience un démenti de plus en plus éclatant. Entre les phénomènes de la pensée et les phénomènes physiologiques l'expérience démontre avec une précision toujours croissante une solidarité intime, à la fois constante et universelle. Tout fait psychique a son retentissement dans le système nerveux ; tout fait physiologique réagit plus ou moins sur la pensée. C'est donc la seconde hypothèse qu'il faut admettre ; car elle est la seule qui présente un caractère scientifique : le physique et le mental sont deux aspects d'un seul et même événement.

Mais l'observation peut mener plus loin. Nous saisissons directement les faits psychiques, nous ne percevons qu'indirectement les faits physiologiques. Les faits physiologiques ne sont que des effets d'une cause qui nous échappe : ce sont des signes et indices d'inconnues. Où est la chose signifiée par le mouvement intestin des centres nerveux ? Apparemment, dans ce qui l'accompagne constamment, dans la conscience elle-même. Tout

l'avantage est donc pour l'événement mental ; lui seul existe, puisque tout le reste n'en est que le signe. « Pour les sens et l'imagination, la sensa-
« tion, la perception, bref, la pensée n'est qu'une
« vibration des cellules cérébrales, une danse de
« molécules ; mais la pensée n'est telle que pour les
« sens et l'imagination. En elle-même, elle est autre
« chose. Elle ne se définit que par ses propres élé-
« ments, et si elle revêt l'apparence physiologique,
« c'est qu'on la traduit dans un langue étrangère,
« où forcément elle revêt un caractère qui n'est pas
« le sien »[1].

Ainsi, Taine, qui débute par de mordantes ironies à l'adresse des spiritualistes du bon vieux temps, finit par les dépasser en mettant tout dans l'esprit. Il n'a pas même le médiocre avantage de son positivisme ; car cet événement mental auquel tout le reste se réduit, ne passe pas avec chacun des phénomènes psycho-physiques qui en émanent ; il reste identique à travers la succession de ses modes. Si ce n'est pas une substance, c'est au moins un sujet, c'est-à-dire une de ses entités qu'il disait avoir reléguées dans le monde des rêves.

Toutefois, n'attendez pas que Taine aille don-

---

1. Art. cité.

ner dans les *pouvoirs* de Garnier et de Maine de Biran ; la métaphysique est une muse à laquelle il ne sacrifie que malgré lui. Pas d'intelligence, il n'y a que des idées ; pas de sensibilité, il n'y a que des émotions. De même, pas de volonté, il n'y a que des volitions ; et sur ce point, qui seul nous intéresse ici, il va loin. Malgré tout le respect dont nous sommes pénétré pour cet original penseur, nous ne pouvons que regretter le ton sur lequel il le prend avec le plus grand psychologue de notre siècle, Maine de Biran. S'il n'a voulu qu'exercer sa verve d'artiste, il a mal choisi son sujet ; s'il a voulu faire œuvre de philosophe, il s'est trompé. « Monsieur de Biran, dit-il, vous avez été sous-préfet ; « voici des factieux, dispersez-les ; je vous donne « des forces, trois cents soldats et un capitaine. « Pour ne pas vous embarrasser, je retiens la partie inutile, le pur phénomène, l'étendue, c'est-à-dire les habits, les gibernes, les fusils et les corps. « Il vous reste les forces. Marchez avec elles, et « faites triompher la loi » [1]. Monsieur Taine, pourrait répondre Maine de Biran et avec un sens philosophique infiniment supérieur, d'où fera-t-on sortir les soldats et leur capitaine, s'ils n'existent quel-

---

1. *Phil. class.*, c. III.

que part avant le commandement? d'où viendront les phénomènes, s'il n'y a pas déjà des forces? Mais ce sont là des amusements qui n'ont rien à voir avec le rôle austère du critique. Reprenons notre exposition. Pour Taine il n'y a pas de volonté, il n'y a que des volitions. Une idée ou image pénètre dans la trame des faits de conscience. Si elle devient la plus forte, elle se traduit par une appétition, puis par un mouvement; si elle est vaincue dans la lutte, elle se traduit par un arrêt. Et tout cela se fait d'après la loi de l'universelle nécessité. L'action suit fatalement la résolution qui lui sert d'antécédent; la résolution à son tour ne peut pas ne pas suivre le groupe d'états de conscience qui la précèdent et l'amènent. Tout est nécessaire en psychologie, aussi bien qu'en biologie, en chimie, en physique, en géométrie. Et pourquoi? parce que le principe de causalité ne souffre pas d'exception, parce que ce principe est aussi absolu qu'un axiome mathématique.

Et sur ce point fondamental, Taine, nous l'avouons de grand cœur, dépasse tous les autres positivistes par la vigueur de son analyse; mais aussi le malheur veut qu'il se dépasse lui-même. Stuart Mill a tort de dire que dans les portions lointaines des régions stellaires, où les phénomènes peuvent être tout à fait différents de ceux que nous connaissons, ce serait folie d'affirmer le règne d'aucune loi générale ou spéciale et que, si un homme habitué à l'abstraction et à l'analyse exerçait loyalement ses facultés à cet effet, « il n'aurait pas de « difficulté, quand son imagination aurait pris « le pli, à concevoir qu'en certains endroits, par « exemple dans un des firmaments dont l'astrono- « mie stellaire compose à présent l'univers, les « événements puissent se succéder au hasard, sans « aucune loi fixe, aucune portion de notre expé- « rience ou de notre constitution mentale ne nous « fournissant une raison quelconque pour croire « que cela n'a lieu nulle part ». C'est Claude Bernard qui a raison : « il y a un déterminisme absolu dans les conditions d'existence des phénomènes naturels, aussi bien pour les corps vivants que pour les corps bruts ». La condition d'un phénomène une fois connue et remplie, le phénomène doit se reproduire toujours et partout, il doit se reproduire nécessairement. L'antécédent véritable une fois posé, le conséquent ne peut pas ne pas suivre. La loi de la causalité est univer- « selle et absolue ; elle serait telle, même si le ca- « ractère constaté était unique dans la nature ; car « elle vaut non seulement pour tous les cas réels,

« mais encore pour tous les cas possibles »[1].

D'où vient donc cette valeur métempirique de la causalité ? Pourquoi Taine affirme-t-il avec tant de force et d'entrain que rien n'échappe, que rien ne peut échapper à son empire ? Parce que notre esprit perçoit entre l'antécédent et le conséquent, non plus une agglutination physique, mais bien un rapport logique, parce qu'entre la cause et l'effet notre pensée démêle « du même », parce que la causalité se ramène à l'identité[2]. Dès lors, peu importent et le lieu et le temps, on a toujours la même raison d'affirmer ce que l'on a une fois constaté. Sans doute, il se peut que dans un autre monde les corps ne s'attirent pas ; mais dans cet autre monde, comme chez nous, « si, par l'application d'une force quelconque, un corps prend pendant un temps aussi court qu'on voudra un mouvement rectiligne uniforme, il tendra à le continuer indéfiniment. Ainsi de tous les autres couples d'antécédents et de conséquents que peut présenter la nature. Parti d'un si noble élan, Taine va jusqu'à se demander si l'on ne pourrait pas fructueusement appliquer la loi de la causalité au problème de l'exis-

---

[1]. *De l'intelligence*, II vol., l. IV, c. III.
[2]. *Ib.* p 460.

tence, c'est-à-dire à l'explication métaphysique du monde, et se trouve ainsi ramené par la force irrésistible de la logique en face de cet océan du Noumène, qu'il a si souvent traité de vaine illusion.

C'est là un premier point sur lequel Taine se dépasse lui même ; il y en a un autre. Si « nos idées les plus abstraites ne sont que des signes », s'il n'existe dans notre conscience que des heurts et des soudures de sensations, c'est Stuart Mill qui a raison. On ne peut dépasser les cas observés, il n'y a pas de lois absolues. Il faut, pour pénétrer jusqu'à l'absolu, que notre esprit s'élevant au-dessus des données sensibles en découvre la nature abstraite, en dégage le logique qui s'y dissimule. Et c'est en réalité ce qu'admet Taine, toutes les fois que la sensation ne suffit plus à l'explication de la pensée ; mais sans avoir l'air de s'apercevoir que recourir à pareille idée, c'est sortir du positivisme pour rentrer en plein dans le système d'Aristote et de saint Thomas [1]. Derrière le positiviste, il y a chez Taine un puissant métaphysicien qui n'a pu éclore, parce que le milieu ne s'y est pas prêté. Si Taine fût venu quelques siècles plus tôt, il eût raisonné comme un Duns Scot.

1. *De l'intellig.*, t. II, c. I, p. 260. — v. aussi *le rapport de M. Ravaisson*.

Quoi qu'il en soit, la loi de causalité a dans son système une valeur absolue; d'autre part, elle ne régit pas l'enchaînement des pouvoirs à leurs modes, mais celui des faits aux faits. Par là même, tout se lie dans l'âme comme au dehors; il n'y a pas de liberté. Et ce dogme de son déterminisme physiologique, Taine ne s'est pas contenté de le défendre philosophiquement, il en a fait, dans ses nombreux ouvrages, une perpétuelle application à l'histoire, à la littérature, aux arts.

Chez Taine, c'est la causalité qui domine; chez M. Paulhan, c'est la finalité.

La vie psychique se greffe en quelque sorte sur l'organisme. Le physique est la condition du mental. Les phénomènes intérieurs ont la matière pour support [1]. Mais ce n'est pas à dire qu'ils soient par eux-mêmes dépourvus d'activité. Comme l'a vu Herbart, les phénomènes psychiques s'attirent, se repoussent, s'associent et se séparent : les idées agissent sur les sentiments, qui agissent sur les tendances, qui agissent sur les mouvements ; il y a aussi réaction des mouvements sur les tendances, des tendances sur les sentiments, des sentiments sur les idées. « Ces phénomènes sont tout à fait « analogues à ceux que nous trouvons dans la vie

---

[1]. *Activité mentale*, c. III.

« sociale. On voit, par exemple, des groupes parle-
« mentaires se joindre pour voter sur telle ou telle
« question, tantôt à tel groupe, tantôt à tel autre.
« On les voit parfois se dissoudre et les éléments
« qui les composaient entrer dans des groupes dif-
« férents, et ne plus se retrouver ensemble. On
« voit des ouvriers, des paysans se réunir, appelés
« par la loi, dans un régiment, passer d'un régi-
« ment à un autre, obéir aux mêmes chefs, parti-
« ciper aux mêmes actes, combattre comme un
« seul homme, puis, le temps du service fini, ren-
« trer chez eux, reprendre leur métier, quitter
« leurs habitudes militaires, ne plus voir leurs
« compagnons d'armes. Tout fait social est évidem-
« ment la synthèse des actes combinés d'un certain
« nombre d'hommes, actes tendant vers un même
« but ou vers des buts harmoniques ». Ainsi des
phénomènes psychiques eux-mêmes : ils sont sans
cesse en travail, tantôt pour s'unir, tantôt pour se
combattre » [1].

Mais la lutte n'est qu'une loi secondaire, dont le
but est d'écarter ce qui nuit à l'harmonie. La loi
principale, la loi caractéristique des états de conscience, c'est la convergence vers un terme don-

1. *L'activité mentale*, c. I.

né : c'est la finalité. « Tout fait psychique est un
« système, une synthèse d'éléments plus ou moins
« bien coordonnés : que nous prenions une sen-
« sation de l'ouïe ou de la vue, une idée, un
« sentiment, une volition, nous trouvons tou-
« jours que ce phénomène est complexe et que
« les éléments en sont coordonnés de quelque
« manière. C'est une loi de l'esprit qu'aucun phé-
« nomène psychique ne peut se produire avec des
« éléments totalement incoordonnés. Et c'est à
« la coordination même que le phénomène doit
« son unité »[1]. Ouvrons un livre et prenons une
phrase quelconque, celle-ci, par exemple : La
« science des étoiles a eu son berceau près du ber-
« ceau même du genre humain, dans les belles
« plaines de Sennaar. Ces mots, mis à la suite les
« uns des autres, éveillent en nous diverses idées,
« qui s'associent et forment un tout. Il y a dans le
« fait de lire une phrase en la comprenant une vé-
« ritable synthèse psychique ; des mots, des sons,
« des images, des idées s'associent dans un acte
« unique, convergent vers un même résultat...
« Et la phrase ainsi comprise peut à son tour en-
« trer comme élément dans des combinaisons di-
« verses. Nous pouvons, par exemple, la faire en-

---

1. *L'activité mentale*, c. III.

« trer dans une série de phrases résumant l'histoi-
« re de l'astronomie, mais nous pourrions aussi la
« faire entrer dans une étude de la civilisation chal-
« déenne. De plus, chacun de ces éléments peut
« devenir le point de départ d'un nouveau com-
« plexus, d'une nouvelle série ». Ainsi, les états
de conscience sont des buts qui déterminent leurs
moyens.

Le propre de la vie mentale, c'est de s'exercer
conformément à la finalité. Mais à quoi tient la
finalité ? Elle ne tient pas à l'ensemble de l'esprit,
mais à chacun des phénomènes qui le constituent.
1º Un fait psychique tend à s'associer et à susciter les éléments qui peuvent s'unir avec lui pour
une fin commune. 2º Un fait psychique tend à empêcher de se produire, à empêcher de se développer ou à faire disparaître les éléments qui ne
sont pas susceptibles de s'unir à lui pour une fin
commune. La finalité gît au sein des éléments de
l'activité mentale. Une idée nous vient-elle à l'esprit, elle travaille aussitôt à grouper autour d'elle
tout ce qui lui est sympathique, à détruire tout ce
qui la combat, et le fait dans la mesure de son possible. Ainsi des émotions, ainsi des tendances, et
de là plusieurs conséquences du plus vif intérêt.
1º Lorsque les états de conscience supérieurs, c'est-

à-dire les états intellectuels et volitifs, ne sont pas solidement groupés, la première impression qui se produit passe facilement jusqu'à l'action ; car elle ne rencontre pas d'obstacles sur son parcours ou n'en rencontre que de très-faibles, à moins qu'elle ne vienne se heurter à des associations anciennes et profondément enracinées. Et de là une explication des phénomènes hypnotiques. 2º Lorsque les états de conscience supérieurs ne sont pas solidement groupés, il se peut qu'une simple impression éveille sans trouble et sans obstacle une série systématisée de phénomènes, qui absorbe en quelque sorte tout le reste et finit par emplir à elle seule le champ de la conscience. De là le rêve, le somnanbulisme, le dédoublement de la personnalité, la folie.

L'activité finaliste des phénomènes psychiques n'explique pas seulement les maladies de l'esprit. Elle rend compte aussi de cet état normal de notre être, où nous nous déclarons maîtres de nos opérations : elle rend compte de la liberté.

« La personnalité consiste essentiellement dans
« un ensemble de tendances réunies et associées
« d'après quelques principes généraux, c'est un
« système plus ou moins coordonné de tendances,
« c'est-à-dire de phénomènes psychiques de toute

« sorte ».Unité de but, stabilité des états qui convergent vers ce but : tels sont les éléments de la personnalité. Quand le but est élevé et qu'il réussit à se faire un vaste système de grands moyens fortement liés, il en résulte des César, des Michel-Ange ou des Vincent de Paul : on voit apparaître le génie.

La personnalité est un système d'états psychiques. Dès lors, qu'un état nouveau vienne à se montrer : il sollicite en sa faveur le plus de connivences possibles. Réussit-il à grouper autour de lui la plus grande somme des forces disponibles, il se traduit par une action ou bien une série d'actions. A-t-il le dessous au contraire dans sa lutte pour l'existence, ne trouve-t-il dans la place qu'un nombre insuffisant d'intelligences, il est étouffé dans le conflit et l'on a un arrêt. C'est vrai des états qui tendent au mouvement, c'est également vrai des états qui ne s'adressent qu'à l'intelligence, c'est-à-dire de la croyance. On vient nous dire, par exemple, que des ossements humains ont été trouvés dans le terrain jurassique, nous refusons notre adhésion à cette nouvelle ; elle ne trouve où prendre pied sur le domaine des opinions déjà consolidées dans notre esprit. Mais, si l'on annonce que des silex, ayant une certaine forme, ont été trouvés dans des terrains pliocènes, cette idée pourra susciter une assez grande quantité d'états favorables pour mériter une place parmi les croyances antérieurement acceptées. Pendant qu'une idée nouvelle, soit de l'ordre pratique, soit de l'ordre spéculatif, essaie de se frayer sa route, il s'écoule un certain intervalle de temps : ce temps de la lutte, c'est la délibération.

Par conséquent, action voulue, arrêt, croyance, délibération, tous les phénomènes de la liberté s'expliquent par *l'idée-fin*.

Le même principe nous permet de voir le rapport de la liberté à l'automatisme. « Au début, l'en-
« fant a de la peine à coordonner pour écrire les
« mouvements de ses doigts, ces mouvements se
« produisent à tort et à travers, automatique-
« ment ; la volonté n'a pas sur eux l'empire qu'il
« faudrait. Ces éléments psychiques ont une exis-
« tence trop indépendante et ne sont pas soumis
« au pouvoir personnel. A cette période d'anar-
« chie succède une période d'organisation : peu
« à peu le pouvoir de la volonté devient effica-
« ce, l'intervention continue du moi, c'est-à-dire
« des tendances, des désirs permanents, régularise
« l'activité, coordonne les éléments ; puis, à mesure
« que l'organisation devient plus parfaite, les élé-

« ments psychiques ont une tendance à reprendre
« une certaine indépendance, à revenir, sinon à l'a-
« narchie, du moins à la liberté. C'est ainsi que les
« travailleurs unis pour la première fois dans une
« œuvre commune tâtonnent, se trompent, ne sa-
« vent pas se reconnaître, mais une fois qu'un su-
« périeur les aura placés, installés, aura montré
« à chacun la tâche qu'il avait à faire, ils pourront
« apprendre à se passer de lui et finiront peut-être
« par exécuter leur travail sans ses instructions
« d'abord, sans son intervention directe, et plus
« tard sans sa surveillance ».

Ainsi, l'évolution mentale se fait par trois étapes :
l'anarchie, le despotisme et la liberté.

Telles sont les principales formes sous lesquelles s'est présenté le déterminisme psychophysiologique. Les uns ont nié la nature spécifique des phénomènes conscients ; d'autres l'ont admise, mais pour en faire un simple mirage ; d'autres, enfin, y ont vu de l'activité et même de la finalité. Personne n'y a soupçonné la présence du libre arbitre. Il semble même qu'on se soit évertué à en chasser la notion de partout. Néanmoins, il faut remarquer que les efforts des déterministes physiologiques n'ont pas été stériles. 1° Les recherches, qu'en a faites sur la nature des phénomènes psychiques, ont révélé avec une précision surprenante l'intime solidarité du physique et du mental ; 2° Taine nous a donné du principe de causalité une analyse qui est un pas en avant, dans ce siècle d'empirisme outré ; 3° M. Paulhan a mis dans un jour nouveau la finalité des états psychologiques : chacun de ces états s'adapte à un but déterminé, aussi bien que l'œil à la lumière.

* * *

On ne s'est pas contenté de défendre le principe du déterminisme psychophysiologique ; on en a fait l'application à la criminologie, qui, comme les autres sciences morales, s'est développée à notre époque avec une précision toute nouvelle. Pour la plupart des anthropologues contemporains, la liberté n'a plus rien à voir dans le crime. Le crime est le résultat d'une déviation congénitale de l'organisme. On est criminel à peu près comme on est myope ou boiteux : on naît criminel.

Les criminalistes, en effet, se sont livrés à de vastes et patientes recherches. Ils ont visité les prisons, les bagnes, les colonies de déportation ; ils ont fouillé les archives des tribunaux et des préfectures de police. Quelques-uns d'entre eux, jetés sous les verrous par l'injustice, ont profité de leur mauvais sort pour observer sur le vif. Or de tous ces travaux, entrepris à la fois dans tous les peuples, ont paru se dégager trois propositions principales : 1° il y a un type criminel, aussi bien qu'il y a un type européen et un type malais ; 2° ce type est congénital : il tient à l'hérédité ; 3° ce type une fois donné, le crime s'ensuit fatalement, comme un réflexe de son excitation : « L'immoralité de l'action est le miroir parfait de la nature de l'agent ; « le criminel est insusceptible des sentiments qu'il a violés lui-même ».

D'abord, il y a un type criminel, et ce type se reconnaît en premier lieu à certains caractères anatomiques. Le criminel a le front petit, étroit et fuyant, les arcades des sourcils proéminentes, la mâchoire allongée, les cheveux laineux ou crépus ; il manque de barbe. En outre, on remarque très souvent chez lui une longueur excessive des bras et l'ambidextrisme [1]. Ce qu'il y a de plus frappant, c'est que ces anomalies subissent certaines variations, suivant qu'il s'agit du meurtrier ou du voleur. Le meurtrier, dit Lombroso, « a le regard froid, cristallisé, quelquefois l'œil injecté de sang, le nez souvent aquilin ou crochu, toujours volumineux ; les oreilles longues, les mâchoires fortes ;

---

[1]. Garofalo, *le crime*, 2ᵉ part., c. I ; — Revue phil., Mars 1887.

les zigomes espacés, les cheveux crépus, abondants, les dents canines très-développées, les lèvres fines, souvent des tics nerveux et des contractions d'un seul côté de la figure, qui ont pour effet de découvrir les dents canines en donnant au visage une expression de menace ou de ricanement ». Chez le voleur la capacité crânienne est moindre que chez le meurtrier. De plus, il présente le plus souvent les anomalies désignées sous les noms de submicrocéphalie, oxycéphalie et trochocéphalie. En outre, il a le visage et les mains extrêmement mobiles, l'œil petit et vif, les sourcils épais et rapprochés, le nez camus, le front presque toujours petit et fuyant [1].

On a également observé chez le criminel des anomalies significatives du crâne. M. Mingazzini, en étudiant 30 crânes criminels, trouve dans 16 pour 100 des cas de métopisme, dans 6 pour 100 la fusion des os du nez, une fois l'os basiotique, dans 20 pour 100 la tératologie complète du crâne. Teuchini et Benedikt ont remarqué chez nombre de criminels la fossette occipitale moyenne, ce qui constitue un trait certainement atavistique [2]. « M⁰ Tarnowscky, dans ses études sur les filles de joie, les

---

1. *L'Uomo delinquente.*
2. Lombroso, *anthrop. crim.*, c. I.

voleuses et les villageoises, a démontré que la capacité crânienne des prostituées est inférieure à celle des voleuses et des villageoises, et surtout des femmes de la bonne société »[1].

A ces caractères extérieurs s'en joignent d'autres, qui tiennent à la constitution du cerveau lui-même. Lemoine nous a signalé chez un cleptomane, ex-membre de la commune, une anomalie unique jusqu'ici dans la science, la fusion congénitale des deux lobes frontaux[2]. Lambl a trouvé une complète parencéphalie avec destruction des racines de la circonvolution frontale ascendante chez une jeune escroc[3]. Richter a présenté à la société de psychologie de Berlin un cerveau de criminel avec bifurcation de la scissure de Rolando. On sait aussi maintenant que chez le criminel le développement du cervelet fait un singulier contraste avec celui du cerveau. Comme l'a bien vu Broca, une ou plusieurs de ces anomalies cérébrales peuvent ne pas empêcher un cerveau d'être à la fois très intelligent et bien équilibré ; mais, lorsqu'elles sont nombreuses ou qu'elles affectent des parties importantes, elles sont l'indice d'un état d'esprit défectueux[4].

1. Lambroso, *anthrop. crim.*, c. 1.
2. *Archives d'anthrop. crim.*, 1886.
3. Westphal. *Archiv. für Psychiatrie*, 1889.
4. *L'anthrop. crim.*, c. I, I.

C'est donc un fait établi : il y a dans la constitution physique du criminel un certain nombre d'anomalies extérieures et intérieures, et ces anomalies se rencontrent dans les parties de son organisme, qui soutiennent le rapport le plus étroit avec sa nature morale. Mais que faut-il en conclure ? Il semble, à première vue, que ce fait n'ait aucune signification, puisqu'on l'observe aussi, bien que moins fréquemment, chez des personnes honnêtes. Mais cette interprétation est superficielle ; elle ne suffit pas à l'observateur qui compare entre elles les données de l'observation. Il y a plusieurs degrés de criminalité. Or on a remarqué que plus le criminel s'approche de son triste idéal, plus aussi s'augmentent en lui le nombre et la fréquence des caractères fournis par la statistique.

Dans les personnes de criminalité inférieure on ne remarque qu'une sorte de laideur indéfinissable. Le criminel n'y est pas encore à l'état d'éclosion complète ; il s'y trouve à l'état embryonnaire et par là même homogène. Garofalo dit en parlant des prisons : « la laideur extrême, la laideur repoussante, qui n'est pourtant pas encore une vraie difformité, est très commune dans ces établissements, et, chose remarquable, surtout parmi les femmes. Je me souviens d'avoir visité une prison de femmes où, parmi 163 détenues, je n'en ai trouvé que trois ou quatre avec des traits réguliers, et une seule qu'on aurait pu dire jolie ; toutes les autres, vieilles ou jeunes, étaient affreusement laides. On conviendra qu'une pareille proportion de femmes laides n'existe dans aucune race ni dans aucun autre milieu »[1]. La même remarque a été faite par M. Tarde : « Il est certain, dit-il, que par son front et son nez rectiligne, par sa bouche étroite et gracieusement arquée, par sa mâchoire effacée, par son oreille petite et collée aux tempes, la belle tête classique forme un parfait contraste avec celle du criminel, dont la laideur est en somme le caractère le plus prononcé. Sur 275 photographies de criminels je n'ai pu découvrir qu'un joli visage, encore est-il féminin. Le reste est repoussant en majorité et les figures monstrueuses sont en nombre »[2].

Si de la criminalité inférieure on passe à ce qu'on peut appeler la criminalité moyenne, la laideur acquiert un certain degré d'hétérogénéité ; elle s'accuse par des anomalies distinctes, et ces anomalies sont beaucoup plus fortes dans un nombre donné de criminels que dans un nombre égal de non-criminels. « Le docteur Virgilio a trouvé 28

1. Garof., *La crimin.*, Art. cité.
2. G. Tarde, *La criminalité comparée.*

p. 100 de fronts fuyants sur des criminels vivants. M. Bordier en a trouvé une proportion un peu plus grande parmi les crânes des suppliciés (33 p. 100); or, parmi les non-criminels, cette proportion n'atteint que 4 p. 100. Le développement de la partie inférieure du front a été remarqué par M. Lombroso, sous le nom de proéminences des arcades sourcilières et des sinus frontaux, en 66,9 cas sur cent crânes de criminels. La proportion donnée par M. Bordier s'en approche beaucoup (90 p. 100). M. Marro l'a trouvée de 23 p. 100 sur les détenus vivants et de 18 p. 100 sur les non-criminels. L'eurygnathisme (distance exagérée des zigomes) atteint, selon Lombroso, 36 p. 100. M. Marro a trouvé la même anomalie à un degré excessif chez 5 criminels sur 141, sans qu'il en ait remarqué un seul cas parmi les non-criminels. Ce dernier observateur nous assure qu'en 13,9 cas sur 100 criminels il a trouvé un manque absolu de barbe; sur les non-criminels la proportion n'est que de 1,5 p. 100. il a remarqué le front petit parmi les premiers dans la proportion de 41 p. 100 et dans celle de 15 p. 100 parmi les non-criminels. M. Lombroso a trouvé plusieurs cas de microcéphalie et un grand nombre de cas de submicrocéphalie parmi les criminels; on sait qu'ailleurs ces anomalies sont excessivement rares. Il a déterminé pour le prognathisme 60 p. 100, proportion énorme dans la race européenne, qui, comme on le sait, est la moins prognathe[1].

On aboutit à la même conclusion, si, au lieu d'envisager les anomalies à l'état isolé, on en considère l'assemblage. M. Ferri, ayant comparé 711 soldats avec 699 détenus et forçats, en a trouvé sans aucune anomalie 37 p. 100 parmi les premiers et 10 p. 100 parmi les derniers. Un ou deux traits irréguliers ont été trouvés à nombre presque égal ; trois ou quatre chez les soldats dans la proportion de 11 p. 100 et de 33, 2 p. 100 parmi les forçats. Mais les premiers ne présentaient jamais un nombre plus grand d'anomalies, pendant que les forçats en avaient jusqu'à six ou sept et même plus[2].

La fréquence des anomalies dégénératives augmente derechef et fortement chez les grands criminels, les auteurs des crimes les plus affreux dans les circonstances les plus atroces. « Il est rare que les assassins pour cause de vol, par exemple, ne présentent pas quelques-uns des traits les plus saillants qui les rapprochent des races inférieures de l'humanité: le prognathisme, le front fuyant, les arcades sourcilières proéminentes etc. » C'est un fait

---

1. Garofalo, *La crimin.*, Art. cité.
2. Garofalo, *ib.*

dont les ouvrages de Lombroso, de Virgilio, de Marro, de Lacassagne, de Ferri fournissent toutes les preuves désirables. « Mon expérience personnelle, dit Garofalo, m'a toujours confirmé dans cette persuasion. J'ai choisi une fois par exemple un certain nombre d'assassins remarquables que je n'avais jamais vus, mais dont je connaissais les crimes dans tous leurs détails, d'après la lecture des pièces formant leurs dossiers ; je suis allé les visiter dans leur prison et j'ai pu me convaincre que pas un seul d'entre eux n'était exempt de quelques caractères dégénératifs frappants »[1].

Ainsi, les caractères que nous avons énumérés tendent à se grouper et deviennent de plus en plus saillants chez le criminel, à mesure que ses instincts se développent, à mesure qu'il s'élève dans l'échelle de la perversité ; et, par là même, on est fondé à conclure qu'ils sont la constante du criminel parfait, qu'ils en constituent le fond. C'est là une induction aussi solide que celle qui consiste à inférer l'inertie matérielle de la tendance de plus en plus grande du mouvement à l'uniformité, à mesure que le frottement diminue.

Il faut d'ailleurs faire une autre remarque, si l'on

---

[1]. Garofalo, *La crimin.*, Art. cité.

veut mesurer la portée scientifique des données de l'anthropologie moderne relativement au criminel. On ne définit pas un type vivant comme une vérité mathématique. La vie présente une complexité mobile qui défie toute analyse. N'est-il pas vrai qu'il y a un type français, un type allemand, un type finnois, un type basque, un type nègre, un type malais ? Mais quel est le trait saillant qui caractérise chacun de ces types ? On ne saurait le dire ? « C'est l'ensemble de plusieurs traits qui donnent à la physionomie un caractère presque indéfinissable. Et ce caractère, celui-là seul le reconnaît bien qui l'a longtemps observé ». Ainsi du type criminel : celui-là seul se rend bien compte de son existence qui a vu et comparé un grand nombre des individus qui le possèdent à des degrés plus ou moins sensibles. Pour se convaincre de la réalité du type criminel, il faut avoir vécu dans les bagnes et les prisons.

Aux caractères anatomiques, qui distinguent le criminel, correspond un certain nombre de caractères psychiques. Ces caractères, Dostojewski les a groupés dans une page, restée célèbre, et pour avoir passé de longues années parmi les prisonniers dans la « maison des morts ». Cette étrange famille, nous dit-il, avait un air de ressemblance prononcé que l'on distinguait du premier coup-d'œil... Tous les détenus étaient moroses, envieux, effroyablement vaniteux, présomptueux, susceptibles et formalistes à l'excès... C'était toujours la vanité qui était au premier plan... Pas le moindre signe de honte ou de repentir... Pendant plusieurs années je n'ai pas remarqué le moindre signe de repentance, pas le plus petit malaise du crime commis... Mais ce sont là des traits qu'il faut considérer à part, pour en voir et la provenance et l'importance.

Il est vrai qu'on rencontre chez bon nombre de criminels une certaine faiblesse intellectuelle. Ce qui le démontre, c'est leur imprévoyance et leur vanité. Très-souvent le criminel donne en quelque sorte tête baissée dans le meurtre ou le vol; il ne voit pas avec netteté les conséquences de ses actes. On sait aussi l'entrain avec lequel il s'endimanche et se pavane dans les casernes. Il aime à parler de sa personne. Pour peu qu'il ait de l'esprit, il songe à écrire ses mémoires ; il se croit digne d'occuper l'attention de la société. Il a sa manière à lui de rechercher la gloire.

C'est également à bon droit qu'on a fait ressortir chez le criminel l'impossibilité où il se trouve assez souvent de résister à ses passions. Il y a des criminels qui errent à l'aventure, froids, impassibles et comme endormis. Mais viennent-ils à rencontrer un objet qui éveille violemment leur désir, désormais le raisonnement n'a plus de pouvoir sur eux, rien n'est capable d'entraver leur fougue, ils ne marchandent pas leur tête : ils entrent tout entiers dans leur passion.

Mais l'anémie intellectuelle et l'anémie morale ne sont pas les indices les plus saillants du criminel. Ce qui le caractérise plus que tout le reste, au point de vue psychologique, c'est le manque d'affectivité.

Le vrai criminel est indifférent à l'égard de ce qu'on appelle bien et mal, juste et injuste, intérêt d'autrui. Son clavier psychique a une note fausse : il manque de sens moral [1]. Tels étaient Lemaire, Lacenaire, Troppmann, Marchandon ; tels sont les tueurs de vieilles femmes, les assassins par mandat, les étrangleurs. C'est à cette race de criminels qu'appartenait ce garçon de seize ans dont a parlé Garofalo, qui se leva de grand matin, se rendit à une écurie où un petit mendiant s'était abrité pour la nuit, le prit dans ses bras, lui annonça qu'il allait le tuer et, malgré ses pleurs et ses cris, le jeta dans un puits. C'est à la même famille qu'il

1. Revue des Deux-Mondes, 1er 9bre 1886. — du Bled.

faut rattacher cette jeune fille de douze ans, dont les journaux parlèrent il y a quelques années, qui, à Berlin, jeta sa petite sœur par la fenêtre et avoua cyniquement devant ses juges qu'elle avait fait cela pour se débarrasser de cette enfant qui l'ennuyait, en ajoutant qu'elle était très contente de sa mort. D'où vient cette étrange impassibilité ? Pourquoi cette absence complète de remords ? Est-ce donc que de tels criminels souffrent d'un désordre intellectuel ? Non : ils ont la mémoire prompte et sûre, l'esprit clairvoyant ; il arrive même qu'ils se trouvent doués d'une intelligence peu commune et qu'ils possèdent des connaissances à la fois nombreuses et variées [1]. Sont-ils victimes d'un éveil subit et violent de la passion ? pas davantage ; ils procèdent par calculs. Tout est calme dans leurs démarches. Ces criminels tuent et volent, parce qu'ils ne sentent pas : le bien, le devoir, la justice, la pitié ne parlent qu'à leur esprit ; ils voient, mais ils n'aiment pas. L'anomalie qui en fait des monstres, n'a son principe ni dans leur entendement ni dans leur volonté ; elle tient tout entière à leur cœur. Ils n'ont pas de sentiments

---

[1]. v. Relazione statistica di san servolo, Venise, 1889, Frère Battanoli.

altruistes ; il n'y a qu'une fibre qui vit dans leur âme, celle de la jouissance. Ainsi, de même qu'il y a des gens incapables de distinguer certaines couleurs et affectés de ce qu'on appelle le daltonisme, que d'autres n'ont point l'oreille musicale et sont incapables de reconnaître une note d'une autre, il existe des individus qui naissent dépourvus de toute sensibilité morale [1].

Il y a plus. Le criminel a souvent une sensibilité à rebours : il a besoin de haïr. « On a vu un enfant de dix ans, à l'œil noir, à la mine effrontée, écolier indisciplinable, pousser dans l'eau un de ses camarades, sans motif, pour le seul plaisir de le voir se noyer. C'était le fils d'un voleur »[2].

On prétend que le défaut de sensibilité morale a pour corrélatif chez les criminels un manque à peu près absolu de sensibilité physiologique : les criminels seraient analgésiques. Le tatouage est en vogue perpétuelle dans les prisons. De plus, on cite certains criminels qui paraissaient inaccessi-

---

[1]. Maudsley. *Le crime et la folie*, c. II.

[2]. *L'Homo delinquente*, c. XIII. — Lombroso poursuit ses recherches avec activité ; il vient de publier un nouvel ouvrage intitulé : Le *più recenti scoperte et applicazioni della psychiatria et antropologia criminale*. Malheureusement ce volume a paru trop tard pour que nous puissions en tenir compte.

bles à la douleur : on pouvait percer avec une aiguille les chairs de Strabo, sa langue et la peau de son front, sans provoquer aucun indice de souffrance. Mais l'analgésie est loin d'être commune à tous les criminels. Comme l'a fait remarquer M. Joly, la plupart d'entre eux ont au contraire une grande peur de tout ce qui s'appelle douleur. De plus, l'analgésie n'a pas l'influence morale qu'on se plaît à lui prêter.

Entre les caractères anatomiques et les caractères psychiques qui constituent le type criminel, il y a une inconnue : ce sont les caractères physiologiques. La ronde des molécules cérébrales ne s'exécute pas chez le criminel comme chez l'homme honnête ; et la nature de cette ronde, on l'ignore. Mais les progrès de la science finiront par nous la révéler. « Au moyen du télescope on a découvert des étoiles qui, sans lui, dit Mandsley, seraient à jamais demeurées inconnues ; ma ferme croyance est qu'un jour viendra de même où, par l'invention d'instruments perfectionnés, les mouvements insensibles des molécules seront aussi perceptibles que les déplacements des masses planétaires » [1]. N'a-t-on pas déjà découvert au moyen du spectros-

---

1. *Le crime et la folie*, c. II.

cope des faits qui, avant son invention, nous étaient entièrement inaccessibles.

Il y a un type criminel. De plus, ce type est congénital ; c'est un cas complexe de la loi d'hérédité ; on en peut fournir plusieurs preuves.

D'abord, la puissance de l'hérédité dans la détermination du naturel de l'individu a été de tout temps reconnue plus ou moins distinctement. « Salomon proclamait, comme un mérite spécial, que l'homme de bien laisse un héritage aux enfants de ses enfants ; et d'un autre côté, il est dit que l'iniquité des pères retombera sur les enfants en la troisième et en la quatrième génération... C'était un proverbe en Israël que, lorsque les pères ont mangé des raisins verts, les dents des enfants en sont agacées ; et l'on ne s'y étonnait point que ceux dont les pères avaient lapidé les prophètes dussent rejeter celui qui avait été envoyé parmi eux : vous êtes les enfants de ceux qui ont lapidé les prophètes »[1]. L'institution des castes chez les Hindous paraît avoir eu pour origine la connaissance du rôle considérable de l'hérédité et de son influence dans le développement de l'homme. Cette fatalité inexorable et terrible, qui tient une place si grande dans

---

1. Maudsley. *Le crime et la folie,* c. II.

la tragédie grecque et contre laquelle les héros luttaient virilement tout en se sachant marqués d'avance pour la défaite, qu'était-ce sinon un corps donné pour ainsi dire à ce sentiment profond que notre être actuel dépend inévitablement de tout ce qui l'a précédé dans le temps? « Bénis le sort qui t'a fait naître à Athènes, dit l'auteur de *la religio Medici* ; mais entre tant de bienfaits dont tu dois remercier les dieux, lève une main au ciel et bénis-le de t'avoir fait naître de parents honnêtes et de ce que la modestie, l'humilité et la véracité ont été enfermées dans le même œuf et sont venues au monde avec toi ».

Tous les peuples ont cru et croient encore à l'hérédité, et cette croyance reçoit de la science une confirmation de plus en plus éclatante. Aujourd'hui, c'est un fait admis par tout le monde, même par les adversaires les plus récalcitrants du positivisme, que l'hérédité se montre de plus en plus agissante à mesure que les phénomènes sont plus voisins de l'organisme, qu'elle est très forte dans les actes réflexes, les cas de cérébration inconsciente, les impressions, les instincts; or, nous l'avons déjà vu, l'amour du bien a son levier principal dans la sensibilité morale, et la sensibilité morale a des rapports intimes et profonds soit avec la sensibilité physiologique soit avec l'organisme lui-même. D'ailleurs, on a des données directes et d'ordre empirique pour établir l'influence prépondérante de l'hérédité dans la constitution organique et psychique du criminel. « On connaît à ce sujet des généalogies frappantes, celles de Lemaire et de Chrétien, par exemple ; celle de la famille Yuke, comprenant 200 voleurs et assassins, 288 infirmes et 90 prostituées, descendus d'une même souche en soixante-quinze ans, leur ancêtre, Max, ayant été un ivrogne. Thomson, sur 109 condamnés, en a trouvé 50 parents entre eux et parmi ceux-ci huit membres d'une même famille qui descendaient d'un condamné récidiviste »[1]. Virgilio a observé que la *transmission directe* du crime par hérédité directe ou collatérale se fait dans la proportion de 32, 24 pour 100. Le même savant a aussi remarqué que, parmi 48 récidivistes, 42 avaient des caractères de dégénération congénitale. Marro a trouvé parmi les criminels une moyenne de fils d'ivrognes de 41 pour 100, et de 16 pour 100 parmi les non-criminels ; de 13 pour cent parmi les premiers, ayant des frères condamnés, et 1 pour 100 parmi les autres. Et il faudra, ajoute

---

1. Revue phil., Mars 1888, *L'anomalie du criminel*, Garofalo.

Garofalo, s'attendre à des conclusions de plus en plus irrécusables [1].

Ce n'est pas que l'éducation, le milieu social, le climat, les boissons n'aient aucune influence sur la production du crime. On ne peut nier l'action de tels facteurs ; mais cette action est secondaire. Il existe toujours dans le criminel un élément congénital différentiel. Le délinquant fortuit n'existe pas, si par ce mot on veut signifier qu'un homme moralement bien organisé peut commettre un crime par la seule force des circonstances extérieures. « En effet, si parmi cent personnes qui se trouvent dans des circonstances identiques, il n'y en a qu'une seule qui se laisse entraîner au crime, il faut bien avouer que cette personne a senti d'une manière différente l'influence des circonstances ; donc il y a en elle quelque chose d'exclusif, une diathèse, une manière d'être toute particulière » [1].

Le type criminel est congénital : il se transmet avec la vie et, ce type une fois donné, le crime s'ensuit fatalement, bien que cette fatalité ait des degrés. Il y a des êtres voués au mal. Qu'est-ce, en effet, que les manifestations de la pensée ? Autant de fonctions du cerveau. L'idée, la conscience, le

---

1. Garofalo, *Ibid.*

sentiment, la volition ne sont rien en dehors du système nerveux. L'esprit n'est qu' « un terme général exprimant la somme totale des fonctions du cerveau que nous appelons intelligence, sentiment, volonté ». Mais dans les mouvements du cerveau tout est nécessaire; ils forment une trame infrangible d'antécédents et de conséquents. Par là même, tout est nécessaire aussi dans l'évolution de la pensée. D'ailleurs, il n'en peut aller autrement pour une raison dont la portée est plus large. « Il n'y a point d'accidents ni d'anomalies dans l'univers. Tout arrive par une loi et tout atteste une causalité; l'affaire de la science est précisément de découvrir les causes et la loi de leur action. Par tant, rien n'est fortuit, rien n'est surnaturel dans l'impulsion au bien et dans l'impulsion au mal »[1].

Ce n'est pas à dire cependant que la contrainte des tendances congénitales s'exerce toujours de la même manière. Il y a d'abord des criminels qui en viennent spontanément aux faits. Tels sont ces enfants qui, bien que nés au sein d'une famille honnête, volent les objets des amis de la maison, ceux mêmes des domestiques, et les cachent, les

---

[1]. Maudsley, *ibid.*

vendent quelquefois pour se procurer le moyen de satisfaire leurs désirs. D'autres criminels ont besoin, pour se révéler, du concours des circonstances. Chez eux, l'instinct est latent, il dort jusqu'à ce que l'occasion vienne tout d'un coup l'éveiller. A cette classe appartiennent les personnes qui ont longtemps passé pour honnêtes, parce qu'elles ont toujours pu assouvir leurs désirs sans nuire aux autres, mais qui s'emportent subitement aux crimes les plus atroces, quand elles trouvent des obstacles à leurs passions. Il y a ainsi nombre de criminels qui jouissent et jouiront toujours de la plus haute estime. C'est aussi dans cette classe qu'il faut ranger ces personnes atteintes d'anémie morale, qui ne sont jamais elles-mêmes, parce que leur impuissance native les livre sans résistance aux impulsions du dehors. Mais que le type criminel ait besoin ou non de l'action des circonstances pour passer de la puissance à l'acte, il n'en reste pas moins vrai que ce passage est fatal.

Faut-il conclure de là que le criminel soit absolument incorrigible? Nullement. On peut travailler utilement à l'amélioration du criminel, surtout du criminel qui a besoin de l'occasion pour se déterminer. Bien que dépourvu de cette liberté tant vantée que la science a reléguée pour toujours au rang des superstitions, le criminel peut s'amender par la crainte et la persuasion. Il s'agit de produire en son être des impulsions qui l'emportent sur celles de sa nature : on le peut dresser comme une bête fauve. Tels sont les principes du nouveau régime pénitencier.

On voit par ces développements l'idée générale qu'il faut se faire du criminel. Le criminel est un monstre qui manque de sentiments altruistes, et ce défaut tient à certaines anomalies de l'organisme. Ces anomalies elles-mêmes sont héréditaires, elles sont un retour plus ou moins complet à l'animalité au-dessus de laquelle l'homme a réussi à s'élever. Le criminel est une brute à face humaine.

Si nous cherchons maintenant ce qu'il faut garder de cette théorie, il nous sera aisé de remarquer que les bases en sont encore fragiles. Elle suppose à la fois l'évolution, l'hérédité, la dépendance absolue du mental à l'égard du physique. Or l'évolution n'est encore qu'une hypothèse. La loi de l'hérédité est loin d'avoir la rigueur qu'on lui prête ; et l'aurait-elle, qu'on n'en pourrait rien conclure. Pourquoi la liberté ne se trouverait-elle pas parmi les données congénitales ? La dépendance absolue des phénomènes psychiques à l'égard de l'organisme est manifestement opposée aux *data* les plus simples de l'observation intérieure. On comprend à la rigueur qu'elle soit encore défendue par des médecins et des physiologistes. Mais tout psychologue qui s'en tient là, fournit la preuve qu'il est encore profane en son sujet. Il faut donc que le déterminisme criminaliste rabatte de ses prétentions dogmatistes. Ses représentants l'ont d'ailleurs compris ; ils sont d'abord partis d'un air triomphal, à la façon de tous ceux qui croient avoir découvert quelque chose. Mais cet enthousiasme s'est bien vite calmé en face des difficultés de plus en plus justement senties auxquelles on s'est heurté. Il a fallu ajuster l'idée aux faits et, pour l'ajuster, en affranchir les angles. On s'avancera encore dans cette voie, à mesure que l'anthropologie s'inspirera plus fortement du véritable esprit scientifique, dont elle manque assez souvent. En tout cas, un fait demeure acquis, c'est que les criminalistes contemporains ont mis dans un meilleur jour deux vérités d'une grande importance : 1° ils ont démontré que l'énergie du vouloir moral dépend intimement de l'état de l'organisme. 2° Ils ont fait voir, à la lumière de l'expérience, que l'honnêteté tient beaucoup moins à l'intelligence qu'aux sentiments moraux. Et c'est là une idée qui n'est pas seulement profonde, mais encore remarquablement opportune. On s'étonne, on s'épouvante de la marche toujours croissante de la criminalité. Mais il y a un siècle qu'on se figure qu'il suffit d'éclairer pour améliorer, il y a un siècle que l'éducation de la jeunesse est exclusivement intellectualiste, il y a un siècle qu'on désapprend l'amour.

III

Le déterminisme scientifique induit de la matière à l'esprit, le déterminisme psychophysiologique du physique au mental. Dans l'un et l'autre de ces deux systèmes, ou bien l'on n'étudie pas le fait de la volition ou bien on ne l'étudie que pour l'assimiler aux mouvements mécaniques. Le déterminisme psychologique suit une méthode plus directe. Il aborde la difficulté de front ; il la pose sur son vrai domaine qui est celui de la conscience. C'est sur la nature de nos déterminations elles-mêmes qu'il concentre tous ses efforts Et là se trouve réellement le nœud du problème. Tant que les déterministes ne font que conclure du dehors au dedans, des lois qui régissent les manifestations de l'activité matérielle aux lois qui règlent l'activité de la pensée elle-même, ils laissent aux libertistes une forteresse où ils se pourront toujours défendre avec honneur. Quelle raison, en effet, d'induire soit des corps bruts soit de l'organisme lui-même à cette partie de notre être qui s'appelle l'énergie psychique ? Pourquoi étendre à l'âme des inductions qui n'ont qu'une base tout extérieure, quand l'âme observée en elle-même et par elle-même présente des caractères si originaux que les expériences les plus ingénieuses et les plus patientes ne laissent pas même soupçonner la possibilité de les réduire au travail mécanique? Pour savoir si l'homme est libre, c'est sa volonté elle-même dont il faut suivre le jeu. Le déterminisme psychologique a donc une importance toute particulière. S'il a gain de cause, tout est perdu ; s'il a le dessus, tout est sauvé. Par là même, il faut en observer la nature et le développement avec une grande attention.

Il y a deux sortes de déterminismes psychologiques : l'un ne regarde comme motifs [1] que les états de conscience qui procèdent plus ou moins directement de l'objet ; l'autre ajoute à ces états de conscience un élément qui vient du sujet lui-même, à savoir l'idée de la liberté. Le premier de ces deux systèmes peut s'appeler traditionnel ; car il a toujours tenu quelque place dans l'histoire de la pensée humaine ; et, de notre temps, on n'a guère fait que lui donner une forme plus précise. Le second est récent ; M. Fouillée est le premier philosophe qui en ait fourni l'idée et les raisons.

Commençons par la forme traditionnelle du dé-

1. Nous entendons ici par motif tout ce qui est capable d'actionner la volonté.

terminisme psychologique, en insistant sur les preuves que l'observation a rajeunies.

Que l'homme ne soit pas libre dans ses déterminations, c'est ce qu'on peut inférer en premier lieu du caractère que présentent les manifestations extérieures de la volonté. L'activité humaine, celle qui vient du dedans, ne se déploie pas au hasard : elle a ses lois, comme tout le reste. Qu'on suive, par exemple, les vicissitudes de l'idée religieuse, et l'on verra que, sauf quelques variantes qui tiennent au milieu, sa fortune est toujours la même. Chez les anciens, elle exerce à l'origine une influence exclusive : elle est tout dans l'état, la société, la famille, l'individu. Mais peu à peu elle se trouve battue en brèche. On la sépare d'abord de l'autorité politique ; puis, une fois livrée à ses propres forces, elle va toujours baissant, jusqu'à ce qu'elle devienne un ensemble de formules que chacun se pique de répéter encore, mais auxquelles on ne croit plus. N'assistons-nous pas depuis plusieurs siècles à la même transformation de la religion dans les sociétés chrétiennes, malgré la supériorité du dogme et de la morale évangéliques. Il en est de l'aristocratie comme de la religion elle-même. A Athènes on a d'abord des rois et autour des rois une brillante noblesse. Mais bientôt viennent les archontes, et sous les archontes s'opère une longue série de révolutions qui sont autant de coups portés à l'aristocratie. Les réformes de Solon, de Clisthène, de Périclès représentent des concessions de plus en plus larges faites à la démocratie, et le mouvement se continue jusqu'à ce que le peuple, maître de tout, renverse définitivement l'ordre social. Ainsi de Sparte et des autres cités grecques ; ainsi de Rome elle-même, et la même marche se répète dans les sociétés modernes, en France principalement : c'est la démocratie qui l'emporte de plus en plus, c'est la démocratie qui impose sa volonté. De même qu'il y a une évolution invariable dans l'humanité, il y en a une aussi pour chaque peuple. C'est le sénat et la légion qui ont conquis le monde, comme l'a démontré Montesquieu ; et ces deux institutions, dont la force a vaincu à la longue tous les obstacles, n'étaient que des fruits naturels du caractère romain. Peut-on dire, d'ailleurs, que l'historien se demande sans raison quelles ont été les causes et les conséquences des événements ? N'est-ce pas dans l'enchaînement rigoureux des faits que se révèle avant tout son talent ? L'histoire n'est-elle pas regardée à juste titre comme une vraie science ? Mais alors c'est que les événements se succèdent d'une manière invariable, c'est qu'il existe entre eux une liaison infaillible, c'est qu'il n'y a pas de place dans leur trame serrée pour les interventions capricieuses de la liberté, c'est que tout est réglé dans les manifestations de l'activité humaine aussi bien que dans le cours des astres, c'est que tout obéit à l'inéluctable loi de la nécessité.

Il y a d'autre part des données plus précises que ces aperçus généraux, tirés de l'histoire. On a appliqué la statistique aux actes de l'homme qui émanent de sa volonté, et il en est sorti une preuve nouvelle en faveur de la théorie des motifs déterminants. Laplace a formulé cette loi, dont les savants s'accordent à reconnaître la justesse : « les possibilités respectives des événements tendent à se développer ». Or le libre arbitre est une possibilité de changement. Par conséquent, si le libre arbitre n'est pas une illusion, plus nous observerons d'actions humaines, plus nous devrons y remarquer de variations : il y aura des hausses et des baisses dans la somme des mêmes actes observés. Mais c'est précisément le contraire qui se produit. Quételet a démontré que le nombre des vols, des meurtres, des attentats à la pudeur, des crimes de toute nature commis chaque année, est sensiblement le même pour un même pays dans une même période donnée. Tous les ans il y a un *tant* pour cent invariable de vols, d'adultères, d'assassinats. Même stabilité dans les mariages, les lettres jetées à la poste sans adresse, etc. ; et l'on aboutirait sûrement à un résultat semblable, si l'on observait les autres actions humaines. On trouverait partout la même absence de perturbations, la même invariabilité. Il n'y a donc qu'une illusion dans cette possibilité de changement qu'on appelle le libre arbitre. Le libre arbitre n'est pas.

Si, au lieu d'observer des groupes plus ou moins considérables d'individus, on observe les individus eux-mêmes, la conclusion ne change pas : elle ne fait que se préciser. Chaque homme a sa manière à lui de penser, de sentir et d'agir, qu'il a reçue de la nature et qui s'appelle son caractère. Or entre cette donnée primitive et toute la série des actes qui en découlent comme de leur source, il existe un lien perpétuel que rien ne saurait changer. Entre le caractère de chaque individu et sa destinée il y a un rapport nécessaire. On agit comme on veut, parce qu'on veut comme on est : on ne peut échapper à soi-même : c'est un fait dont l'expérience nous fournit à chaque instant une irrécusable démonstration. Il nous suffit de constater une fois qu'une personne a été gravement malhonnête pour lui refuser à tout jamais notre confiance. « L'honneur véritable (non pas l'honneur chevaleresque qui est celui des fous), une fois perdu, ne se retrouve jamais ; la tache d'une seule action méprisable reste inhérente à l'homme, et, comme on le dit, le stigmatise. De là le proverbe : « voleur un jour, volera toujours. » De même encore, si dans quelque affaire importante il a été jugé nécessaire de recourir à la trahison et partant de récompenser le traître dont on a employé les services, une fois le but atteint, la prudence commande d'éloigner cet homme, parce que les circonstances peuvent changer, tandis que son caractère ne le peut pas ». De là découle encore ce fait qu'un homme, « même quand il a la connaissance claire de ses fautes et de ses imperfections morales, quand il va jusqu'à les détester, quand il prend la plus ferme résolution de s'en corriger, ne se corrige néanmoins jamais complètement ; bientôt, malgré de sérieuses résolutions, malgré des promesses sincères, il s'égare de nouveau, lorsque l'occasion s'en présente, sur le même sentier qu'auparavant et s'étonne lui-même quand on le surprend à mal faire »[1].

Nam et luctata canis nodum accipit : attamen illi,

---

[1]. Schopenhauer, *Essai sur le libre arbitre*, c. III.

Eum fugit, a collo trahitur pars longa catenæ (Perse).

C'est aussi sur le caractère que se fondent nos prévisions relatives à la conduite des personnes que nous connaissons : de là une grande partie du savoir-vivre, le sens des affaires, l'art de manier les hommes, la politique, la diplomatie.

En somme, plus on a pénétré le caractère d'une personne, mieux on sait prédire vers quel parti elle inclinera dans telle circonstance donnée, quel degré d'énergie ou de faiblesse elle y montrera, jusqu'à quel point elle tiendra pour le devoir en face de l'intérêt ou de la passion. Et cette expérience permet d'inférer que, si l'on connaissait à fond le caractère d'un homme, on pourrait en déterminer la destinée tout entière avec la même rigueur et la même certitude que le diamètre et le poids des roues d'une machine [1]. « Aucun temps, aucune puissance ne brise la forme em-« preinte qui se développe dans le cours de la « vie » [2].

Il n'y a donc qu'un principe au monde, celui de l'universelle nécessité : tout ce qui arrive, les

---

1. Schopenhauer. *ib.* c. II.
2. Gœthe, *Dieu et le monde.*

petites choses comme les plus grandes, ne peut pas ne point arriver. « Quidquid fit necessario fit ». Dans la nature organique, chaque effet est le produit nécessaire de deux facteurs, qui sont d'une part la force naturelle et primitive dont l'essence se manifeste en lui, et de l'autre la cause particulière qui provoque cette manifestation. Chez l'homme, chaque action est le produit nécessaire de son caractère et du motif qui est entré en jeu. Ces deux facteurs étant donnés, l'action en résulte inévitablement. Pour qu'une action différente pût se produire, il faudrait qu'on admît l'existence d'un motif différent et d'un autre caractère [1].

L'histoire, la statistique, la nature du caractère plaident à l'unisson en faveur de la nécessité. Mais ce genre de preuve est encore indirect, bien que d'ordre psychologique ; on y va de l'effet à la cause ou de la cause à l'effet. Envisageons maintenant la question dans sa nature intime ; étudions l'acte volontaire en lui-même.

D'abord, si l'on en croit certains psychologues, les expériences qu'on a faites sur l'hypnotisme seraient venues ébranler le témoignage que rend la conscience en faveur de la liberté. « Un caracté-

---

1. Schopenhauer, *ibid*.

re des actes effectués dans un moment éloigné de l'époque de la suggestion, dit le docteur Tiébault, c'est que l'initiative pour leur mise à exécution à l'instant où la pensée en naît, paraît au sujet venir de son propre fond, tandis que, pourtant, sous l'empire de la détermination qu'on lui a fait prendre, il marche au but avec la fatalité d'une pierre qui tombe et non avec cet effort réfléchi et contenu, cause de toutes nos actions raisonnables ».

« Ces paroles, reprend M. Beaunis, caractérisent d'une façon magistrale l'état de la volonté dans le somnambulisme provoqué. Je puis dire à un hypnotisé pendant son sommeil : Dans dix jours vous ferez telle chose à telle heure et je puis vous écrire sur un papier daté et cacheté ce que je lui ai ordonné. Au jour fixé, à l'heure dite, l'acte s'accomplit et le sujet exécute mot pour mot tout ce qui lui a été suggéré ; il l'exécute convaincu qu'il est libre, qu'il agit ainsi parce qu'il l'a bien voulu et qu'il aurait pu agir autrement ; et cependant, si je lui fais ouvrir le pli cacheté, il y trouvera annoncé dix jours à l'avance l'acte qu'il vient d'exécuter. Nous pouvons donc nous croire libres et ne pas l'être »[1]. Nous trouvons des faits analogues dans

---

1. *L'expérimentation en psychologie.* Revue philos., Août 1885.

M. Richet ; la savante thèse de M. Pierre Janet sur l'automatisme psychologique en contient un grande nombre. Dès lors, « quel fond pouvons-nous faire sur le témoignage de notre conscience ? et ce témoignage, n'est-on pas en droit de le récuser, puisqu'il peut nous tromper ainsi »[1] ?

Mais l'on ne s'en tient pas à la négative ; on essaie de démontrer que le témoignage de la conscience mieux interrogée, c'est que la volonté n'est pas libre.

Il n'est plus permis de considérer l'idée comme un simple spectacle. Les idées ne sont pas inertes à la façon de la lumière d'un bateau qui se projette sur le cours d'un fleuve. Les idées sont des forces. Elles tendent à se réaliser : on les peut regarder comme autant d'actes commencés. Elles sont l'effet du mouvement et le communiquent à leur tour, soumises en ce sens à l'universelle loi de la conservation de l'énergie. C'est un fait que M. Fouillée met très bien en lumière dans son livre sur la liberté et le déterminisme. « Au souvenir de quelque action énergique, dit-il, par exemple, d'un combat, il nous est très difficile de nous empêcher de répéter partiellement cette action, une sorte de courant causé par l'émotion se précipite

---

[1]. *L'expérimentation en psychologie.* Revue phil., Août 1885.

dans les mêmes voies et s'empare des mêmes muscles, au point de leur imposer une répétition réelle. Un enfant ne peut rendre compte d'une scène à laquelle il a pris part qu'en la reproduisant avec tous les détails. Remarquons en passant que c'est ce qui donne naissance au langage d'action ; c'est aussi ce qui le rend si facilement intelligible aux enfants eux-mêmes : nous interprétons rapidement les signes, parce qu'ils sont le commencement des actes qu'ils représentent ». En pensant des mots ou une phrase, on sent une sorte d'impulsion et de mouvement se communiquer à la langue et aux autres organes d'articulation, qui sont alors sensiblement excités. « L'arti-
« culation, dit Maine de Biran [Bain], est la seule différen-
« ce qu'il y ait entre la représentation purement in-
« tellectuelle d'une idée et son expression vocale...
« Penser, c'est se retenir de parler ou d'agir ». Nous sentons à chaque instant combien il est facile de convertir nos idées en paroles. Il suffit d'y ajouter une force mécanique presque insensible, de faire entendre un faible chuchotement. Il y a des gens qui sont si peu maîtres de leurs organes qu'ils articulent ou murmurent toutes leurs pensées ; il en est d'autres qui, dans certains moments d'excitation, ne peuvent s'empêcher de se parler à eux-

mêmes. L'idée seule du bâillement le provoque » [1]. Ce n'est pas à dire que toute représentation passe de fait au mouvement. Les idées rencontrent parfois des actions déjà réalisées qui les peuvent enrayer, ou des courants nerveux qui les neutralisent. Les ondes, que produit une pierre jetée dans l'eau, vont plus ou moins loin, suivant la force du choc initial et peuvent être arrêtées par d'autres ondes d'une direction contraire. De même, nos idées ne rayonnent pas toujours jusqu'à la sphère visible de notre activité, mais elles n'en sont pas moins une première ébauche de mouvement.

Si telle est la nature de nos idées, il ne faut plus seulement y voir le but de nos actes, mais encore l'énergie à l'aide de laquelle nous y tendons. Nos idées ne sont pas seulement causes finales, elles sont aussi causes efficientes. Et dès lors, la théorie de la liberté ne tient plus. Elle se trouve en flagrante contradiction avec les données de la conscience. Inutile, en effet, de recourir à la célèbre distinction de Leibnitz, qui ne fait d'ailleurs que reproduire la pensée des théologiens du moyen âge : inutile de remarquer que le motif incline, mais ne nécessite pas. Une telle voie n'est pas tenable. On ne peut pas dire, « comme quelques-

---

[1]. *La liberté et le déterminisme*, l. II. c. I.

uns, en se retranchant à plaisir derrière une réponse indécise, que les motifs ne déterminent la volonté qu'en une certaine mesure, qu'elle subit leur influence, mais seulement jusqu'à un certain point, et qu'à un moment donné elle a le pouvoir de s'y soustraire. Car, aussitôt que nous avons accordé à une force donnée l'attribut de la causalité, et reconnu par conséquent qu'elle est une force active, cette force n'a besoin, dans l'hypothèse d'une résistance, que d'un surcroît d'intensité, dans la mesure de cette résistance même, pour pouvoir achever son effet. « Celui qui hésite encore et ne peut pas être corrompu par l'offre de 10 ducats, le sera assurément, si on lui en propose 100, et ainsi de suite... »[1]. Si le motif est cause efficiente, il en est de la volonté comme d'un bloc de pierre chargé sur un chariot. Quand cinq chevaux ne suffisent pas à le traîner, on en met 10 et la masse s'ébranle. Si le motif est cause efficiente, la volonté suit aussi fatalement l'idée la plus forte que le bateau de marchandise son remorqueur ; entre la causalité mécanique et la causalité morale il y a donc différence d'agents, non de mode d'action. Et nous voilà ramenés par l'évidence des faits à la théorie des batailles d'idées. « La faculté délibéra-

---

[1]. Schopenhauer, *Essai sur le libre arbitre*, c. II.

tive n'a d'autre effet que d'être le théâtre où éclate et se poursuit le conflit des motifs. L'homme « laisse les motifs essayer à plusieurs reprises leurs forces respectives sur sa volonté en se contrebalançant les uns par les autres, de manière que sa volonté se trouve dans la même situation qu'un corps sur lequel différentes forces agissent en des directions opposées, jusqu'à ce qu'enfin le motif le plus fort oblige les autres à lui céder la place et détermine seul la volonté »[1].

Le motif est cause efficiente ; par là même la liberté n'existe pas. De plus, elle ne peut pas exister. Il y a dans son concept une contradiction fondamentale ; il est impossible, en effet, de la concilier soit avec l'universalité soit avec l'essence même de la causalité.

Il y a trois ordres de causes dans le monde : 1º la causation proprement dite, qui est une action purement mécanique ; 2º l'excitation qui a rapport aux plantes ; 3º la motivation qui est propre aux êtres conscients ou capables d'états représentatifs. A ces trois ordres de causes correspondent trois ordres d'effets de même nature. Dans une telle hiérarchie de causes et d'effets, y a-t-il place pour la liberté ? On le dirait à première vue ; car

[1]. Schopenhauer, *ib.* c. III.

l'effet se différencie de plus en plus de sa cause, à mesure qu'on s'élève sur l'échelle des êtres. Dans le règne inorganique l'action et la réaction sont égales, l'intensité de l'effet est toujours exactement proportionnée à l'intensité de la cause. Chez les êtres vivants, au contraire, il y a déjà disproportion entre l'action et la réaction. L'intensité de l'effet dépasse l'intensité de la cause, et, lorsqu'il est parvenu à un certain degré, s'y arrête tout à coup. On sait, par exemple, que la croissance des plantes peut être activée d'une façon extraordinaire par l'influence de la chaleur, ou de la chaux mélangée à la terre, agissant comme stimulant de leur force vitale; mais pour peu que l'on dépasse la juste mesure dans le degré de l'excitation, il en résulte non plus un accroissement d'activité et une maturité précoce, mais la mort de la plante. Si de l'excitation on s'élève à la motivation, la différenciation de la cause et de l'effet s'accentue de nouveau. D'abord l'objet peut agir à distance par l'intermédiaire d'une simple représentation ; le contact n'est plus nécessaire. En outre, une impression à peine sensible, un son, un simple chuchotement, un mouvement des lèvres, une expression de la physionomie peut déchaîner tout un processus à la fois complexe et intense d'états psychiques et nerveux. Ainsi, à mesure que l'on monte dans la hiérarchie des règnes, la cause contient toujours moins de force, et l'effet toujours davantage ; le lien qui existe entre la cause et l'effet devient fugitif, insaisissable, invisible : de telle sorte qu'on se demande si la liberté ne finit pas par s'épanouir quelque part au sommet de la création.

Mais ce n'est là qu'une apparence, qui résulte d'un examen superficiel des choses. On peut remarquer, en effet, que la nature passe par des degrés insensibles de la causation brute à l'excitation, qu'il n'y a pas non plus de rupture entre l'excitation et les premiers indices de motivation. « Au plus bas degré de l'échelle animale, le motif est encore très voisin de la simple excitation : les zoophytes, les radiaires en général, les acéphales parmi les mollusques n'ont qu'un faible crépuscule de connaissance, juste ce qu'il en faut pour apercevoir leur nourriture ou leur proie, pour l'attirer vers eux, quand elle se présente, ou même, en cas de nécessité, pour changer leur séjour contre un plus favorable. Aussi, dans ces êtres inférieurs, l'action du motif nous semble-t-elle encore aussi claire, aussi immédiate, aussi apparente que celle de l'excitation »[1].

---
[1]. Schopenhauer, *Essai sur le libre arbitre*, c. II.

Avec l'homme apparaît, il est vrai, quelque chose d'original, à savoir la représentation abstraite. Mais c'est par progrès imperceptibles que l'abstrait se dégage du concret, il n'en est qu'un raffinement longuement élaboré. Rien ne se fait par bonds dans l'univers ; tout s'y développe graduellement, tout y suit le principe de continuité : de telle sorte que du commencement à la fin, si différents que les résultats puissent paraître, il n'y a toujours qu'une même force se déployant d'après une même loi, qui est la causalité. Le développement de l'être est un dans son principe et dans sa loi.

Il ne faut donc pas se « laisser tromper par l'immatérialité des motifs humains, consistant en simples pensées qui ne se rattachent ni au présent ni au milieu ambiant et dont les obstacles ne sont eux-mêmes que de simples pensées, agissant comme des motifs contraires »[1]. « Les motifs sont des causes et toute causalité entraîne la nécessité »[2].

Le principe de causalité est universel. L'expérience nous révèle avec une lumière toujours croissante qu'il s'applique à tous les ordres d'activité :

---

1. Schopenhauer, *Essai sur le libre arbitre*, c. ii.
2. *Ibid.*

la liberté n'entre pas dans la trame de la réalité. Elle n'entre pas davantage dans la trame de la logique ; impossible de l'harmoniser avec la notion elle-même du principe de causalité. Qu'est-ce en effet que la liberté? Une puissance capable de produire des actes qui n'ont pas d'antécédents, « un pouvoir de commencer de soi-même une série de modifications »[1]. Mais une telle faculté est quelque chose d'incompréhensible, une telle faculté est en contradiction avec le fond même de l'entendement humain. Commencer de soi-même une série de modifications, c'est aller par sa propre force de l'indétermination à la détermination, de la puissance à l'acte, du moins au plus ; car il y a nécessairement dans le fait quelque chose de plus que dans le possible. Commencer de soi-même une série de modifications, c'est réaliser l'absurde ; il n'y a pas plus de liberté qu'il n'y a de cercle carré. La liberté, c'est l'irrationalisme qui s'implante au sein de la raison. Tout n'est pas là d'ailleurs. Il faut regarder aux conséquences, et voilà le dilemme auquel on n'échappe pas. Ou bien l'on admet qu'une chose peut se déterminer de soi-même, qu'il existe des commencements absolus. Et alors il y a liberté. Mais le monde est livré au hasard : plus d'or-

1. Kant, *crit. de la raison pratique*.

dre, plus de régularité, plus de proportion, plus de lois ; Par là même plus d'astronomie, plus de physique, plus de physiologie, plus de science d'aucune sorte ; par là même, plus de prévision possible, plus d'action sur la nature, plus de progrès, plus de sécurité de l'existence ; car tout enchaînement des choses devient incertain. Ou bien l'on admet l'impossibilité de commencements absolus : et alors tout devient harmonie et raison ; mais aussi la liberté n'est plus. Entre la liberté et la causalité il faut donc choisir ; entre l'une et l'autre pas de milieu possible. Il faut que la liberté soit tout ou ne soit rien ; or elle ne peut être tout.

Ainsi, « ce qu'on appelle notre liberté est précisément la conscience de la nécessité en vertu de laquelle une fin connue par notre esprit détermine, dans la série de nos actions, l'existence des moyens qui doivent à leur tour déterminer la sienne » [1].

La liberté n'est pas, ou, ce qui revient au même pour nous, n'est pas de ce monde.

Les ressources sont donc loin de faire défaut aux partisans du déterminisme psychologique. Histoire, statistique, influence du caractère, conscience, lo-

[1]. *Du fondement de l'induction* par M. J. Lachelier.

gique, tout semble conspirer entre leurs mains à la ruine totale de la liberté. Et de fait, plusieurs des arguments qu'ils apportent à l'appui de leur thèse, méritent qu'on y regarde de près. Il faudra pour leur répondre : 1º préciser la nature du motif ; si l'on accorde qu'il est cause efficiente tout sombre par là même ; 2º faire une analyse plus profonde du principe de causalité, bien plus, du principe de raison suffisante dont il dérive ; 3º déterminer dans quelle mesure le caractère influe sur nos actions.

*
* *

Le déterminisme, que nous venons d'exposer, fait de la vie psychologique une chaîne infrangible d'antécédents et de conséquents où la liberté n'a plus aucune place. Mais alors que deviennent le bien, le droit, le devoir, la responsabilité ? Que devient la morale tout entière ?

C'est là une conséquence qu'ont prévue tous les déterministes. Aussi se sont-ils préoccupés de chercher dans leur système un abri à la science des mœurs. Nous avons déjà vu Stuart Mill agiter cette grave question dans sa *philosophie de Hamilton*. Nous la trouvons reprise par M. Lévy Bruhl dans sa thèse sur *l'idée de responsabilité*, par Guyau dans son *esquisse d'une morale sans obligation ni sanction*. Concilier la morale et l'universelle nécessité, c'est également le souci de M. A. Fouillée : il veut « élargir le déterminisme »; il veut montrer que l'être intelligent, si déterminé qu'il soit, n'attend point que les choses se fassent ou ne se fassent pas. Son but est d'établir que « le vrai déterminisme n'est pas fait passivement, qu'il se fait lui-même, qu'il se modifie lui-même par lui-même »[1] ; et, pour mener à bonne fin sa difficile tentative, il introduit dans la discussion un élément nouveau, qui tient au fond même de sa philosophie : l'idée de la liberté. Nous ne sommes pas libres ; mais nous croyons l'être, et cette seule croyance change tout : elle rend le cours de notre activité aussi ouvert, aussi flexible et vivant, aussi modifiable, aussi variable et progressif que la réalité même du libre arbitre. Essayons d'esquisser cette curieuse théorie ; c'est la formule la plus profondément psychologique qu'on ait donnée du déterminisme.

D'abord, il ne faut pas revenir au passé. Les doctrines de Cousin et de Jouffroy sont mortes pour

---

1. *Liberté et déterminisme*, l. II, c. I, 2º édition.

toujours. C'est le déterminisme qui a raison ; la thèse déterministe est vraie : nous ne sommes pas libres. Qu'on passe, en effet, au crible de la critique les raisons qu'on a fournies en faveur de la liberté, et l'on verra qu'il n'en est pas une qui résiste à l'épreuve.

On s'est fondé sur le témoignage de la conscience ; or le vrai, c'est que non seulement la conscience ne prouve rien, mais encore qu'elle ne peut rien prouver.

Quand on interroge la conscience sur la liberté, il y a trois points à considérer : *l'action, la puissance*, et le centre commun d'où elles dérivent, le *moi*. Or d'aucun de ces points ne jaillit la lumière révélatrice dont on a parlé.

Il est bien vrai que tout n'est pas passif en nous : le choc de M. Bain et de Herbert Spencer n'est pas une explication suffisante. Dans chaque impression il y a deux éléments : action subie et réaction. « Complètement passif et sans aucun pouvoir de réagir, je ne subirais aucun choc, ou tout au moins je ne percevrais pas le choc subi ». En toute sensation il y a réaction organique et consciente. En outre, il s'y fait une réaction intellectuelle du dedans sur le dehors, il s'y opère un phénomène de réflexion. J'étais dans l'obscurité. Tout à coup une lumière vient rompre la continuité des ténèbres ; il se passe alors en moi-même trois faits qui ne sont que le développement d'un même acte : mon système nerveux est impressionné, je sens, je fais attention à ce que je sens. Il y a plus : le choc, une fois perçu, m'apparaît comme désirable ou non désirable ; de là une sollicitation de la volonté, une réaction appétitive. A l'excitation du dehors correspond une quadruple réponse du dedans, et c'est ce qui peut s'appeler l'effort psychique [1]. Mais cet effort que nous constatons en nous, qui sort du fond de notre être, où l'on peut voir une sorte d'explosion de notre activité mentale, qui exprime l'essence de notre nature, cet effort est-il libre, comme l'a dit Maine de Biran, comme l'a répété toute l'école éclectique ? voilà ce qui n'est point donné. Il se peut que « la conscience de vouloir ne soit que la conscience de mouvoir » : et c'est là de fait l'interprétation qui résulte de la théorie évolutioniste : d'après cette théorie, l'effort ne serait qu'une action réflexe réfléchie.

La conscience de l'action ne contient pas la liberté, et la puissance ne l'enveloppe pas davantage.

[1]. *Liberté et déterm.*, 2ᵉ P., l. I, c. 1 ; — Revue phil., septembre 1891.

Sur ce point, il faut l'avouer, Stuart Mill n'a pas trouvé la solution définitive. Ce n'est pas assez de dire que la conscience ne saisit que ce qui est. A côté du fait il y a le possible ; à côté de l'acte il y a le pouvoir, et ce pouvoir n'est pas une abstraction, c'est quelque chose « de réel, non pas seulement dans ses effets et ses manifestations ». Si « je puis » n'était qu'une abstraction, la vérité des choses serait tout entière dans « je suis ceci et je ne suis pas cela » ; entre les deux plus d'intermédiaire. Mais alors tout est acte, tout est énergie à l'état de tension, par là même tout est immobile ; pour vouloir tout réduire au mouvement, on revient au repos universel des éléates. Il faut admettre « cette particularité », cette chose qui fait exister une autre chose ; il faut placer à l'origine un lien entre ce qui est et ce qui n'est pas : il y a en nous une puissance active. Mais c'est s'abuser, que d'y voir le pouvoir de poser des commencements absolus. Le véritable intermédiaire de l'acte et de la puissance, c'est l'idée avec la force qui lui est inhérente. Quand je suis immobile, je puis avoir l'idée de marcher ; cette idée est une image ; cette image implique un ensemble de mouvements cérébraux et un certain état du système nerveux ; cet ensemble de mouvements et cet état nerveux sont précisément le début des mouvements de la marche, le premier stade de l'innervation qui, si elle acquérait un certain degré d'intensité, aboutirait à mouvoir mes jambes. « Je puis marcher signifie : je commence l'innervation aboutissant à la marche ». « La conscience de la puissance se ramène donc à la conscience du mouvement imprimé, c'est-à-dire du changement et du changement selon une loi qui se fonde sur la force de l'idée »[1].

De même qu'il y a une puissance active, il y a aussi un sujet pensant, un *moi*. Mais sur ce point, comme sur les deux précédents, il faut tâcher de faire la part de la vérité et celle de l'erreur.

La doctrine phénoméniste ne suffit pas : il faut la dépasser ; on ne peut soutenir que le moi ne soit qu'une collection d'états.

Mettez sur une même ligne tous mes événements passés, présents, à venir ; on aura : douleur + plaisir + pensée + autre plaisir + désir etc... « Mais est-il bien sûr que ce soit là le tout de moi-même » ? Il faut au moins, comme pour les nombres, ajouter ce qui relie ce tout en une synthèse... En outre, je ne relie pas seulement les faits entre eux ; mais je les relie tous à un terme supérieur et enve-

---

1. *Ibid.* ; — voir aussi *idées-forces*, L. II, II.

loppant, quoique non vraiment « séparé », qui est ma conscience même et que j'appelle moi. Nous avons alors : douleur et attribution à moi, plaisir et attribution à moi, etc. Et ce moi est une quantité qui revient toujours la même : il y a un sujet unique des états conscients. De plus, ce sujet n'est pas une idée réfléchie, une simple abstraction ; car toute idée réfléchie, toute abstraction est dérivée. Il faut donc que la conscience unique que j'ai de mes états soit quelque chose de spontané, partant de réel et de concret [1]. On peut aller plus loin : après avoir dépassé le phénoménisme et la théorie de Kant, on peut établir que le sujet pensant a quelque chose de permanent à travers le flux de ses états. « J'ai le sentiment d'une tension interne continue, d'une sorte d'appétit vital incessant, d'un vouloir vivre indéfectible, traduit par une motion continue. Je ressemble au nuage qui, au lieu de recevoir l'éclair, comme le reçoivent nos yeux, le produit et le tire de son sein, parce qu'il y a en lui un passage des forces de tension à des forces motrices » ; et sur cette continuité du désir, de l'attention, du vouloir, se fonde la continuité de notre existence [2].

1. *Liberté et déterm.*, 2ᵉ P., l. I, c. I.
2. Revue philos., *existence et développement de la volonté*, Juin 1892.

Il y a un moi unique, réel et permanent ; mais tout n'est pas dit par là. D'abord, le sujet qui me constitue, est-il individuel ? Voilà ce que ma conscience ne me saurait dire. Pourquoi la pensée dont j'ai le sentiment ne serait-elle pas la pensée universelle, comme ramassée et concentrée dans mon cerveau ? Pourquoi ne verrais-je pas dans ma volonté ce principe fondamental des choses, que Schopenhauer appelle le vouloir-vivre ? Pourquoi les idéalistes n'auraient-ils pas raison ? C'est ce que la conscience n'apprend pas. De plus, l'unité du moi est-elle absolue ? suppose-t-elle l'indivisibilité ? le moi est-il vraiment simple ? L'histoire naturelle ne nous encourage guère à l'affirmer. « L'insecte coupé en deux tronçons qui continuent de sentir, nous révèle la division possible d'une conscience encore à l'état de dispersion. La communication mutuelle des sensations entre les deux sœurs jumelles soudées par le tronc, est un fait physiologique qui nous ouvre des perspectives sur la possibilité de fondre deux cerveaux, deux vies, peut-être deux consciences en une seule. Actuellement les *moi* sont impénétrables ; mais l'impossibilité de les fondre peut tenir à l'impossibilité de fondre les cerveaux. Si nous pouvions greffer un centre cérébral sur un autre, rien ne prouve que nous ne ferions pas entrer des sensations, auparavant isolées, dans une conscience commune, comme un son entre dans un accord qui a pour nous son unité, sa forme individuelle » [1]. L'unité révélée par la conscience ne signifie pas simplicité. Il y a aussi des restrictions à faire au témoignage de la conscience sur la permanence du moi. L'expérimentation est venue nous révéler des dédoublements simultanés et successifs de la personnalité, qui sont de nature à faire réfléchir. Que se passe-t-il, quand un second moi prend la place du premier? Le premier a-t-il totalement disparu, comme le soutiennent les positivistes, ou bien en reste-t-il quelque chose à l'état latent, comme le veulent les spiritualistes? C'est une querelle que le sage Salomon lui-même pourrait avoir quelque peine à bien terminer.

D'ailleurs, à supposer que la conscience nous donnât la certitude sur l'individualité, la simplicité et la permanence du sujet pensant, elle ne nous révèlerait pas la liberté par là même.

Celui-là seul est libre qui ne dépend ni de son corps, ni de l'univers, ni du principe de l'univers : celui-là seul est libre qui possède une indépendance absolue. Liberté égale substantialité, au sens

---

1. *Liberté et déterm.* 2e. P., l. c. I.

spinoziste du terme : liberté signifie attribut de ce qui est en soi et par soi ; liberté signifie *aséité*. Mais, chacun le sent d'avance, l'intuition de l'être psychique par lui-même ne va pas jusqu'à ces profondeurs. Non seulement ma conscience ne me dit point si, par les racines de mon être, je me rattache à la substance infinie, si je suis au fond cette substance elle-même ; mais encore elle se tait absolument sur la question de savoir si je puis exister indépendamment de la totalité des êtres. Pour aboutir à quelque découverte sur ce point, il ne me faudrait pas seulement la lumière de ma conscience, mais encore le secours d'une science exhaustive de la réalité, d'une science universelle. Il y a plus : loin de pénétrer le mystère qui me rattache à l'immense nature, ma conscience ne m'apprend pas même si je suis ou non radicalement distinct de cette partie de l'universelle matière, que je traîne avec moi et que j'appelle mon corps. C'est Descartes qui a fait l'effort le plus puissant pour étendre jusqu'aux limites de l'âme la perception de l'âme par elle-même, et cet effort a manqué son but. On a renversé son système, quand on a fait observer que l'esprit distingue où la réalité est une, que d'autre part la pensée n'est en quelque sorte que la surface de notre nature psychique.

Ainsi, non seulement la conscience ne prouve pas la liberté, mais il est impossible qu'elle la prouve ; si la liberté existait quelque part dans l'univers, elle se trouverait en dehors de sa sphère, dans ce fond de l'être où la raison même n'atteint pas.

La logique nous entraîne plus avant. Considérée en elle-même, la liberté est inintelligible ; c'est un concept contradictoire que celui de la liberté. La chose est manifeste, lorsqu'il s'agit de la liberté d'indifférence ; car alors la liberté se ramène au *clinamen* d'Épicure, au pur hasard. Et la contradiction devient plus saillante encore, lorsqu'il y a un motif ou un groupe de motifs ; car dans ce cas l'acte libre nous apparaît non seulement comme un mouvement qui n'a pas de cause, mais encore comme un mouvement qui se peut produire à l'encontre de sa cause. Si d'ailleurs on vient à considérer la liberté à un autre point de vue, l'on remarquera mieux encore ce qu'elle enveloppe d'irrationnel. La liberté, ce n'est pas seulement une cause qui passe par elle-même de l'indéterminé à la détermination ; c'est une cause qui peut, au même instant et sans changer, produire deux effets opposés, par exemple le mouvement A et le mouvement B. Or le fait est de toute évidence : il y a une raison particulière pour laquelle on va dans telle direction plutôt que dans telle autre, il y a une raison qui nous fait incliner à gauche plutôt qu'à droite, et réciproquement [1].

On ne peut donc pas échapper au déterminisme. Il est bien vrai que tout obéit en ce monde à l'inéluctable nécessité : notre âme n'est pas une exception dans la nature ; sa loi est celle de l'univers. Si par le mot de volonté on exprime ce fait que, dans tout état de conscience, même le plus élémentaire, la phase représentative est inséparable d'une phase émotionnelle et celle-ci d'une phase appétitive, si l'on entend par volonté une puissance intérieure de réaction qui a son levier dans le désir de la vie, on désigne ce qui fait le fond de notre être mental. Mais « si l'on entend par volonté une faculté spéciale, qui interviendrait au milieu des faits internes, comme un *Deus ex machina*, pour en changer soudain la direction, l'intensité, la durée, etc., alors on a raison de rejeter cette faculté qu'il est impossible et de constater et de comprendre »[2].

Nous ne sommes pas libres, mais nous croyons à la liberté, et cette croyance est le résultat naturel du développement de notre pensée.

1. *Liberté et déterm.*, l. I, c. II et III.
2. Revue phil., Juin 1892.

On peut définir la liberté : le pouvoir de faire autrement qu'on ne fait dans telles circonstances données. Partant, le concept de liberté enveloppe trois idées principales : 1° l'idée de quelque chose d'actuel ; 2° l'idée de puissance active ; 3° l'idée de puissance active qui s'élève au dessus de toutes les conditions empiriques, c'est-à-dire l'idée de pouvoir absolu. Or ces trois idées nous sont données par la conscience, en dehors de la réalité même de la liberté.

D'abord, l'actuel emplit à chaque instant le champ de la pensée ; il n'est donc pas étonnant que nous en ayons l'idée. Mais l'actuel ne dure pas à l'indéfini ; les faits disparaissent tour à tour de la conscience. De là l'idée du possible : l'immobilité me fait penser à la possibilité de la marche ; le silence à la possibilité de la parole ; la parole à la possibilité du silence. D'autre part, le possible, une fois donné, ne reste pas inerte dans l'esprit : il s'y produit à l'état de représentation ; or la représentation est essentiellement active : elle tend à se réaliser, c'est le début d'un mouvement qui s'achèvera, si rien ne vient l'enrayer. « Ainsi, penser à la marche, c'est marcher dans son imagination ; c'est même, à la lettre, marcher par le cerveau, non par les jambes ; c'est commencer à agir et, pour ainsi dire, à presser dans le cerveau le ressort qui ouvre le passage au courant nerveux vers les jambes ». Aristote disait [1] : « S'il n'y avait pas une puissance distincte de l'acte, je ne pourrais me lever quand je suis assis, ni m'asseoir quand je suis levé ; car ces deux actes se contredisent ». Aristote avait raison, mais il se trompait sur la nature de la puissance. La puissance, c'est le possible perçu ; la puissance, c'est l'idée. L'idée, qui commence par une représentation, se développe en nous sous forme d'émotion, de désir, de mouvement ; et voilà l'énergie virtuelle d'Aristote.

Les idées d'acte et de puissance active nous sont fournies par la conscience, en dehors de toute hypothèse libertiste. Il en va de même du troisième élément qui entre dans le concept de la liberté, à savoir du pouvoir inconditionnel, de la faculté de commencer par soi-même une série de modifications. D'abord, « le souvenir du passé m'apprend que deux contraires ont eu lieu dans des circonstances sensiblement identiques, comme sont sensiblement identiques deux triangles tracés sur un tableau. L'expérience actuelle ne m'apprend pas sans doute que ces deux contraires soient possibles

---

1. *Liberté et déterm.*, l. II. c. I.

en même temps...; mais il ne m'est pas difficile, par une simple combinaison de notions, d'imaginer cette possibilité », de m'en former une idée. Et de là j'infère assez facilement que les circonstances n'ont qu'un rôle accessoire sur ma volonté, qu'il dépend de moi de me soustraire à l'empire des motifs, que je puis tirer de moi-même mon acte tout entier, c'est-à-dire poser un commencement absolu [1].

J'arrive à la même induction par une autre voie. Je crois parfois me décider sans motifs. Par exemple, je veux prendre une guinée pour acquitter une dette; j'étends le bras vers les guinées qui sont sous mes yeux, et ma main en saisit une plutôt que telle autre. A ce choix il n'y a pas de mobile apparent, bien qu'il suppose une cause cachée dans l'organisme [2]. En d'autres circonstances, je cède, sans m'en rendre compte, à un facteur tout personnel, c'est-à-dire à ma manière individuelle de réagir, à ma constitution physiologique, et je vais à l'encontre des motifs. De ce pouvoir, que je constate en moi-même, de me déterminer sans motifs ou contrairement aux motifs, je conclus

[1]. Revue phil., *Existence et développement de la volonté*, Juin 1892.

[2]. *Liberté et déterm.*, 1re p., c. 1 : l. II, c. 1.

instinctivement que j'ai la faculté de commencer mes modifications, que je suis un être doué de liberté. En somme, nous ignorons toujours la partie la plus profonde et la plus agissante des causes qui nous déterminent, et voilà pourquoi nous croyons nous déterminer nous-mêmes. C'est la science de nous-mêmes qui nous conduit à l'idée de chose actuelle et de puissance active; c'est l'ignorance de nous-mêmes qui nous inspire l'idée de l'indépendance absolue de notre activité, la croyance en la possession d'un pouvoir inconditionnel.

La croyance à la liberté, une fois acquise, nous pose comme indépendants à l'égard des objets, et même à l'égard de nous-mêmes. « Et cette indépendance ne se manifeste jamais mieux que quand le moi agit pour un motif universel. De là dérive la notion de la liberté supérieure et morale, qui manifeste l'indépendance du moi par rapport aux limites de sa propre individualité bornée. Cette liberté est la condition du vrai désintéressement et de l'amour d'autrui ».

Mais, si haut qu'on porte l'idée de la liberté humaine, elle enveloppe toujours une part de nécessité. Qu'on supprime toutes les limites, et l'on a l'idée d'une liberté que rien n'entrave, d'une liberté absolue, enveloppant à la fois l'indépendance totale de l'activité et la plénitude de l'intelligence. C'est ce que Kant appelle la causalité intelligible, pouvant contenir la raison suprême de la causalité sensible. Et peut-être y a-t-il quelque chose de semblable au fond de la nature : la volonté souverainement libre est peut-être la substance universelle ; et c'est là ce qu'atteint vaguement notre conscience de la liberté, si toutefois elle a quelque signification [1].

Nous avons l'idée de la liberté, et, à défaut de la liberté elle-même qui n'est pas et ne peut être, cette idée suffit à la morale. Il en est comme de ces mirages qui se produisent en pleine mer et causent des émotions esthétiques aussi vives que la réalité.

En premier lieu, qu'on admette ou non la liberté, l'idée qu'on se fait du bien reste la même. Le bien est indépendant du sujet qui le connaît et le réalise. Comme l'a remarqué Stuart Mill, qu'on supprime la liberté, et il restera toujours soutenable que le bonheur universel est ce qu'il y a de plus excellent, que chaque chose vaut dans la mesure où elle est source de bonheur, que la raison

---

[1]. *Liberté et déterm.*, p. 11, 90, 223.

l'emporte en perfection sur la sensibilité, la sensibilité sur la vie organique, la vie organique sur la matière brute. Hédonistes, eudémonistes, partisans de la valeur métaphysique des choses trouveront toujours le champ ouvert à leurs spéculations, qu'ils se prononcent pour ou contre la liberté [1].

Il en est de même de l'idée du droit. Loin d'envelopper quelque degré de bonté, la liberté d'indifférence est la folie de la volonté. En présence de cette liberté fantasque, ce n'est pas le respect qui s'impose ; « il faut nous empresser de nous garer, puis de la détourner de notre chemin comme on détourne un chariot emporté par un cheval sans frein ». La liberté qui obéit à des motifs n'est pas supérieure de beaucoup à celle qui se joue capricieusement et sans règle. En quoi l'indétermination vaut-elle plus que la détermination, la liberté prise en elle-même que la nécessité? « Si l'on dit, au contraire, que le pouvoir absolu d'agir a une loi à suivre et que, selon le choix qu'il fait, il mérite ou démérite, cela supposera quelque chose de supérieur à ce pouvoir, un bien plus haut, une loi extérieure s'imposant à lui ; dès lors, il n'est

---

1. *Liberté et déterm.*, 1re p., c. IV.

plus le principe suprême ; ce sera cette loi supérieure qui fondera le droit, et non la puissance des contraires ». L'hypothèse de la liberté ne jette pas plus de lumière sur la notion du droit que sur celle du bien. Le droit peut et doit se fonder en dehors de toute liberté : le fondement du droit, c'est l'énergie avec laquelle la volonté tend à l'idéal moral sous l'action déterminante de cet idéal lui-même [1].

Le devoir aussi trouve son explication dans la théorie déterministe, aussi bien que dans la doctrine de la liberté. Il est bon que le bien soit ; le bien s'adresse à la volonté ; il en exige sa réalisation. Ce rapport du bien à la volonté : voilà l'obligation, voilà le devoir. Or ce rapport ne suppose pas la liberté ; il ne suppose qu'une puissance active.

Il n'y a pas seulement bien, droit, devoir dans la théorie déterministe mieux comprise ; il y a possibilité de progrès moral.

« Toute idée, connue par nous, a une action sur nous, et tend à se réaliser par cela même qu'elle est conçue : voilà notre principe, dit M. Fouillée. Au fond, penser une chose, c'est déjà la commencer. On ne peut avoir, par exemple, l'idée d'un

---

[1]. *L'Idée moderne du droit*, l. IV, i, vi.

mouvement sans produire dans le cerveau ce mouvement même, l'idée d'une mélodie sans la chanter intérieurement » [1]. Or, parmi les idées, il y en a de supérieures à toutes les autres, qui expriment des idéaux : telle est la liberté.

L'idée de liberté a une force active et cette force est d'autant plus grande qu'elle est d'un ordre plus élevé. « Supposons que je sois dominé par une violente colère. Si je suis persuadé que je n'ai aucun pouvoir sur ma passion ou si je ne songe pas à ce pouvoir, il est clair que ma colère suivra fatalement son cours. Mais voici qu'une idée, amenée par les lois de l'association ou de l'habitude, prend une puissance nouvelle dans mon esprit et, de confuse qu'elle était, devient distincte : c'est l'idée (subjective ou non) d'une résistance possible à ma colère, d'un empire que je crois pouvoir exercer, et que de plus ma raison juge rationnel et bon d'exercer. Aussitôt cette idée interrompt la fatalité de la passion ; c'est une force nouvelle qui peut, en s'accroissant, faire équilibre à ma colère ». Ainsi du rôle de l'idée de liberté à l'égard de toutes les autres passions : elle pourra toujours intervenir dans les débats qui s'élèvent en nous entre la raison et les sens, « et, comme

---

[1]. *L'Idée moderne du droit.*, l. IV, iv.

l'épée de Brennus, faire pencher le plateau du côté qui semblait d'abord le plus faible, en venant s'y ajouter ». La liberté est un puissant appoint en faveur du devoir une fois connu, un appoint d'autant plus puissant, qu'elle va sans cesse se développant dans la conscience dès qu'elle a surgi. « Dès que je songe à mon pouvoir, l'idée croît ; dès que l'idée croît, la tendance de la réflexion s'y applique davantage ; nouvel accroissement de l'idée, suivi d'un nouvel accroissement de la réflexion ; et, en définitive, multiplication des forces par l'addition successive de tous ces petits accroissements. L'idée de liberté devient ainsi une source sans cesse croissante d'énergie morale, un levier permanent de l'ordre universel perçu par l'entendement, un principe d'harmonieuse évolution, un facteur personnel de l'impersonnel progrès [1].

Science et morale trouvent leur conciliation dans le déterminisme qui a pour fondement l'idée de la liberté. Ce système respecte la causalité et conserve à l'idéal de la vie humaine son vrai moyen de réalisation.

Telle est la manière dont M. Fouillée a voulu « élargir le déterminisme ». A-t-il réussi dans sa dif-

---

1. *Liberté et déterm.*, Ire p., c. 1. — 2e p., l. II, c. I.

ficile entreprise ? C'est une question trop complexe pour avoir ici son développement naturel ; mais on ne peut guère se dispenser d'en dire quelques mots, ne serait-ce que pour soulager le bon sens du lecteur. Nous trouvons d'abord que M. Fouillée le prend sur un ton quelque peu leste avec la morale du « Père Céleste » qui est pourtant, comme la sienne et plus encore, la morale de l'amour. Il semble qu'on ait le devoir de saluer ses devanciers avec respect, quand on se rencontre avec eux à de telles hauteurs ; il serait même bon de se demander si on ne leur doit rien. La doctrine de l'amour, il y a plus de dix huit siècles qu'elle est descendue des pentes du Calvaire et qu'elle travaille au sein de la conscience humaine. De plus, M. Fouillée se plait à se dresser des têtes de turc. Il arrange à sa manière les théories libertistes, puis il tire à boulets rouges sur l'ennemi qu'il s'est façonné, ne s'apercevant pas sans doute qu'il ne détruit guère que son œuvre. Cette manière un peu dédaigneuse est d'autant moins faite pour plaire, que la logique du philosophe, bien que vigoureuse, a des vices profonds et assez faciles à découvrir. Il y a d'abord une équivoque perpétuelle dans la pensée de M. Fouillée : il confond sans cesse l'idée de la liberté et la croyance à la liberté. Et cette confusion donne lieu à un dilemme qui ébranle un peu sa construction. Ou l'on croit ou l'on ne croit pas à la liberté. Si l'on n'y croit pas, l'idée de la liberté n'a plus de vertu ; on se sacrifie rarement à ce qu'on tient pour illusoire, moins encore à ce qu'on regarde comme absurde ; et dans ce cas M. Fouillée eût bien fait de s'épargner la peine que lui a coûtée son livre ; en l'écrivant, il a dissipé l'erreur sacrée qu'il fallait défendre. Si l'on croit à la liberté, même après la thèse de M. Fouillée, si l'on ne se laisse pas désillusionner parce que la nature est plus forte que la philosophie, on tombe dans un inconvénient non moins dangereux. L'idée de la liberté, dit M. Fouillée, provoque la réflexion, qui développe l'idée de la liberté, qui développe la réflexion ; l'idée de la liberté, élevée ainsi à la m^e puissance, tombe dans le plateau de la balance où pèse déjà le devoir, et la fait pencher de son côté. Mais il n'y a là qu'un mécanisme mental ; à ce mécanisme je ne puis rien ; j'assiste à ses mouvements et c'est tout ; dès lors, il n'y a qu'un parti raisonnable, il n'y a qu'un parti possible : il faut laisser faire. Nous ne sommes sortis qu'en apparence du fatalisme mahométan. N'est-il pas étrange d'ailleurs que ce qu'il y a de meilleur au monde ne tienne qu'à une erreur de la nature ?

N'est-il pas étrange que le droit, le devoir, l'amour du bien, le dévouement n'aient d'autre levier qu'une hallucination intérieure ? Comment ne pas être frappé de la singularité d'une conception, où la morale tout entière a pour base unique une illusion, et une illusion contradictoire, le pire des songes ? Évidemment, ce sont là des coups de fusil dans la lune. Paradoxal dans sa conception, le déterminisme de M. Fouillée repose sur une vue incomplète de l'activité psychique. M. Fouillée ne s'est pas élevé jusqu'à cette volonté supérieure, toute rationnelle, qui s'attache au devoir pour le devoir, sans le secours et même à l'encontre des émotions : il n'a guère fait que la psychologie de l'appétit sensitif. Et dès lors, rien d'étonnant à ce qu'il n'ait pas reconnu la liberté ; elle n'est pas là. Comme Kant l'a bien vu, comme l'ont dit aussi Maine de Biran et Jouffroy, la liberté tient à l'entendement : c'est dans le fond intelligible de notre nature qu'elle plonge ses racines.

On pourrait adresser bien d'autres critiques à la théorie de M. Fouillée ; tout n'y est pas à dédaigner cependant. L'éminent professeur a étudié sous tous ses aspects l'activité spontanée de la conscience, et cette étude contient nombre d'analyses vraiment neuves, qui resteront. De plus, l'effort de ce subtil penseur est une première étape sur la voie qui conduit à la liberté. Il n'en a vu que le symbole ; mais d'autres viendront après lui, qui sauront en retrouver la consolante réalité. D'ailleurs M. Fouillée est beaucoup moins éloigné de la liberté qu'il n'en a l'air. Ne nous dit-il pas lui-même que l'abstrait est dérivé, que toute idée a son point de départ dans le concret? Et dès lors, la liberté n'y aurait-elle pas le sien? En outre, qu'est-ce que cette attention, que nous apportons à l'idée de liberté une fois provoquée? Là est la clef de voûte du système, si nous ne nous trompons pas ; or cette clef de voûte est un acte libre. Ce n'est pas par l'idée de liberté, c'est par la liberté elle-même que M. Fouillée élargit son déterminisme.

TROISIÈME PÉRIODE

MÉTHODE MORALE

CHAPITRE PREMIER

ORIGINE DU MOUVEMENT NÉO-CRITICISTE.

I

Nous en avons fini avec le déterminisme. Comme il est facile de le voir, on s'y est acharné. Physique, physiologie, criminologie, psychologie, métaphysique, toutes les sciences ont été mises à profit : on a tourné contre la liberté toutes les armes du savoir ; et, à un moment donné, la victoire a semblé décisive. Il y a eu un temps où l'on passait pour un paysan du Danube, dès qu'on osait prononcer le mot de liberté. Mais ce temps a été court ; bientôt le soleil de la liberté a réapparu à travers les nuages dont il s'était enveloppé. C'est qu'il existe en nous quelque chose de plus fort que l'engouement des systèmes : à savoir la conscience morale, dont les données sont vieilles comme le monde, et ne se peuvent déraciner, parce qu'elles tiennent à l'essence de notre nature. Le déterminisme lui-même, après une certaine période d'enthousiasme, a senti le besoin de s'adoucir. Les plus illustres partisans de l'universelle nécessité ont essayé de faire une part à la liberté, qui dans la partie représentative de la conscience, qui dans l'intemporel. De plus, au moment même où le déterminisme suivait une marche ascendante et paraissait fournir une nouvelle explication de la vie morale, une réaction se faisait jour qui devait grandir et l'emporter. Si la science, disait-on déjà, ne donne pas la liberté, la morale la suppose, la morale la veut ; elle est donc quelque part ; car la morale, c'est ce que nous avons de plus nécessaire et de meilleur : la morale, c'est le bien suprême.

Ainsi, après avoir traité le problème de la liberté par la méthode scientifique, on l'a repris par la méthode morale ; et c'est ce mouvement en sens contraire qu'il nous faut suivre maintenant. Mais l'idée qui l'a inspiré date de loin ; il a son origine dans Kant. Par conséquent, il faut, pour le bien comprendre, remonter à ce philosophe lui-même. Commençons donc par une courte exposition de la théorie Kantienne de la liberté.

II

Pour Kant, la liberté est un postulat métaphysique de la morale. Sa théorie se divise en deux parties principales : La raison spéculative nous fournit l'idée de la liberté ; la raison pratique nous en donne la preuve.

Dès que la raison spéculative se pose la question de l'origine du monde, elle entre en conflit avec elle-même. Tout phénomène suppose un antécédent qui l'a produit ; mais cet antécédent lui-même n'a pas toujours existé, il a commencé : c'est un autre phénomène ; il a donc aussi son antécédent qui l'a produit, et nous voilà sur la voie d'une régression infinie : le monde n'a pas commencé. D'autre part, il faut que le monde ait commencé. Essayons, en effet, de le supposer éternel : il arrive que tout phénomène donné se trouve précédé d'une série infinie d'autres phénomènes ; mais une série infinie implique contradiction ; car, si grande que soit une multitude, on y peut toujours ajouter quelque chose, on en conçoit toujours une plus grande. Comment sortir de cette impasse ? par l'hypothèse d'une liberté nouménale.

Si le monde n'est qu'apparence, si derrière le

réseau léger et flottant des catégories, des intuitions sensibles, des désirs et des émotions, n'existe aucune réalité plus profonde; s'il n'y a que des phénomènes, on ne peut en aucune manière échapper à la nécessité de remonter à l'infini le cours des faits : tout phénomène vient d'un autre phénomène, qui vient d'un autre phénomène et ainsi de suite, sans qu'on rencontre jamais de premier anneau. Mais ne peut-on pas se faire une autre idée des choses ? La nature, il est vrai, nous présente un premier plan qui nous regarde, que nous regardons et qui forme la scène immense du monde. Mais il se peut qu'il y ait un second plan à la réalité; il se peut que derrière la trame des représentations se cache un principe plus subsistant et plus réel, qui les produise du dehors, qui ne soit point non plus soumis à l'action de causes antérieures : il se peut que le monde des phénomènes ne soit que l'effet multiple d'une cause cachée, d'un principe intelligible, d'un monde en soi.

Or qu'est-ce qu'une chose qui n'est point engagée dans la chaîne des liaisons empiriques, qui produit des effets dans le domaine de l'expérience, mais qui ne subit elle-même l'action d'aucun antécédent ? une faculté qui commence par elle-même des états, qui pose des commencements absolus : la liberté.

L'examen de l'origine du monde nous conduit à l'idée de la liberté, et cette hypothèse est d'autant plus légitime qu'elle repose sur une loi naturelle de notre entendement. Toute volition nous apparaît comme une volonté, toute pensée nous révèle un penseur, tout désir quelqu'un qui désire. De même, aux yeux de notre intelligence, l'étendue n'est rien en dehors des objets étendus, le mouvement n'est rien en dehors des choses en mouvement : tout phénomène se fonde sur une réalité plus résistante qui le produit, sur une substance, sur un noumène.

Toutefois, nous n'avons jusqu'ici que l'idée de la liberté. Cette liberté que nous concevons, à laquelle nous avons recours pour mettre notre entendement d'accord avec lui-même, cette liberté de nécessité logique a-t-elle sa réalité objective? existe-t-elle? Voilà ce que nous ignorons encore, et voilà ce que la raison spéculative ne nous révèle en aucune manière. D'une part, en effet, nous n'avons pas l'intuition intellectuelle de la liberté nouménale dont il s'agit ; nous ne l'atteignons que par nos concepts : nous nous fondons, pour l'affirmer, sur la relation du monde et de la substance, sur une catégorie de notre entendement. Mais qui nous garantira au juste que les catégories de notre entendement ont une valeur universelle, qu'elles s'appliquent à tous les temps, à tous les lieux ? qui nous dira si tout mode suppose une substance ? Les catégories de notre entendement ne sont-elles pas des lois municipales ?

La raison spéculative ne démontre pas l'existence de la liberté : elle n'en démontre que la possibilité : encore cette possibilité est-elle toute négative. En effet, qui pourra faire de l'idée de liberté une analyse assez profonde, pour affirmer qu'elle n'implique pas contradiction ? Qu'y a-t-il de plus mystérieux pour nous qu'un principe qui n'a pas d'antécédent, dont le propre est de trouver en lui-même la cause de ses déterminations ?

* * *

La raison spéculative ne va pas jusqu'à démontrer l'existence de la liberté. D'une part, elle se rend compte qu'une telle faculté ne peut prendre pied dans le domaine des faits ; et de l'autre, elle est impuissante à justifier l'hypothèse d'une liberté qui dépasse la frontière des faits, d'une liberté en soi, d'une liberté nouménale : Ses concepts ne portent ni si haut ni si loin. Mais la raison pratique vient au secours de la raison spéculative et démontre ce que celle-ci ne fait qu'entrevoir. La vue de la raison spéculative sur le monde de la liberté se change en preuve dans la raison pratique, et voici par quel artifice.

Nous connaissons la loi morale ; et cette connaissance n'est point déductive : il n'y a peut-être jamais eu de véritable vertu, l'expérience n'a peut-être jamais fourni le spectacle d'une action morale. La connaissance que nous avons de la loi morale est intuitive : la loi morale est un fait. Mais ce fait ne s'adresse pas seulement à la raison pratique ; ce n'est pas seulement un objet d'intuition. La loi morale est un principe essentiellement actif : elle nous sollicite à l'action, elle éveille et dirige en nous-mêmes une faculté distincte à la fois de la sensibilité et de la conscience rationnelle, qui s'appelle la volonté. Ainsi, nous prenons conscience de notre volonté en même temps que de la loi morale. Ces deux choses ne font qu'un ; elles constituent un seul et même fait, « ce sont deux faces d'une seule et même réalité ». Mais qu'est-ce que cette volonté dont nous prenons conscience en même temps que de la loi morale ? qu'est-ce que cette puissance d'action qui est aux ordres du devoir ? La liberté [1].

1. *Crit. R. prat.*, traduct. de M. Picavet, p. 94.

En effet, nous avons vu qu'il n'y a rien d'empirique dans la loi morale : elle n'enferme point de matière ; c'est une forme législative universelle. Nous avons aussi remarqué que les mobiles de la loi morale n'enveloppent aucune donnée sensible, qu'ils sont totalement dégagés de l'expérience, qu'ils se réduisent à ce sentiment d'ordre intellectuel, qui s'appelle le respect. La loi morale, le mobile de la loi morale se trouvent donc en dehors de la nature sensible ; ils forment un ordre à part, une sorte de monde intelligible, qui échappe à l'enchaînement des faits, qui n'est plus soumis à la loi de la causalité. Mais c'est là, c'est dans ce monde que se meut la volonté : c'est à la loi morale toute seule et à son unique mobile, le respect, qu'elle a affaire ; elle est donc indépendante, au même titre, de la loi qui régit les phénomènes. « Or une telle indépendance s'appelle liberté dans le sens rigoureux, c'est-à-dire dans le sens transcendantal ; car, n'étant point déterminée par les faits, il reste qu'une telle volonté se détermine par elle-même, qu'elle commence ses événements, qu'elle pose des commencements absolus : ce qui est le propre de la liberté.

L'analyse de la loi morale nous conduit de la conscience rationnelle à la volonté, de la volonté à la liberté ; et l'expérience vient confirmer cet ordre de nos concepts. « Supposons que quelqu'un affirme, en parlant de son penchant au plaisir, qu'il lui est tout à fait impossible d'y résister, quand se présentent l'objet aimé et l'occasion: si devant la maison où il rencontre cette occasion une potence était dressée pour l'y attacher aussitôt qu'il aurait satisfait sa passion, ne triompherait-il pas alors de son penchant? On ne doit pas chercher longtemps ce qu'il répondrait. Mais demandez-lui si, dans le cas où son prince lui ordonnerait en le menaçant d'une mort immédiate de porter un faux témoignage contre un honnête homme qu'il voudrait perdre sous un prétexte plausible, il tiendrait comme possible de vaincre son amour pour la vie, si grand qu'il puisse être. Il n'osera peut-être affirmer qu'il le ferait ou qu'il ne le ferait pas. Mais il accordera sans hésiter que cela lui est possible. Il juge donc qu'il peut faire une chose, parce qu'il a conscience qu'il doit la faire, et il reconnait ainsi en lui la liberté qui sans la loi morale lui serait restée inconnue ». Mais, qu'on le remarque bien, ce n'est pas par la conscience, c'est par l'analyse instinctive d'un concept qu'on trouve en soi la liberté. La liberté est partie essentielle de la loi morale, comme la propriété qu'enveloppe un triangle d'avoir la somme de ses angles égale à deux droits est partie essentielle de ce triangle. On ne se sent pas vouloir, on ne se sent pas agir librement ; on se conçoit comme tel dans le développement d'un fait supra-sensible.

Telle est la preuve de la liberté morale. Ce n'est pas l'expérience qui la fournit, bien que la liberté produise des effets dans le domaine de l'expérience. La liberté est en dehors de toute donnée sensible : elle fait partie d'un monde intelligible, dont le centre est la loi morale, et c'est dans la loi morale qu'on la découvre.

Est-ce à dire que nous ayons l'intuition de la liberté ? nullement. Car comment pourrions-nous avoir une telle intuition ? La liberté ne passe dans le monde sensible que par ses effets, elle ne franchit la frontière de l'expérience que par ses décisions et les actes qui s'ensuivent. Prise en elle-même, la liberté reste dans le sanctuaire nouménal. Or notre pensée ne va pas jusque-là. Nous n'avons pas d'intuitions intellectuelles ; notre entendement, comme notre sensibilité, s'arrête au seuil de la réalité en soi : il n'est que l'unité synthétique des catégories, et les catégories sont des faits, l'unité qui les lie est un autre fait. Nous ne pouvons atteindre la liberté ni par notre sens intime ni par notre entendement ; car l'un et l'autre sont enfermés dans le champ de l'expérience. Nous n'avons aucune intuition de la liberté ; mais nous en avons un concept, et ce concept suffit pour que nous puissions en affirmer l'existence. Le Verrier remarque une région du ciel où les lois de l'attraction subissent une dérogation. Il suppose l'existence d'une planète inconnue comme cause de ces perturbations, il calcule d'avance la distance, le poids et le volume de cette planète et il ne se trompe pas. L'expérience lui donne raison, il découvre Neptune. De même, nous concluons et à bon droit qu'il existe quelque part une faculté libre de l'existence même de la loi morale, parce que cette loi qui est un fait ne s'explique qu'à cette condition. S'il nous était donné d'avoir une lunette intellectuelle assez forte, nous découvririons aussi la liberté au fond du ciel de l'âme.

※
※ ※

La raison pratique démontre l'existence de la liberté. Mais, cette question capitale résolue, tout n'est pas dit, et nous nous trouvons en présence d'une difficulté nouvelle. Comment concilier la liberté avec la nécessité causale qui régit les phénomènes? Le problème est des plus épineux, et voici la solution que lui donne Kant.

Si la liberté appartenait au monde des phénomènes, la question serait insoluble ; car il n'y a de place que pour la nécessité dans leur enchaînement mutuel. Le passé ne dépend pas de nous, il n'est nullement en notre pouvoir de changer les faits qui ont précédé notre détermination elle-même ; or c'est de ces faits précisément que dépend cette détermination : elle a sa cause dans le passé et se trouve avec elle dans une liaison nécessaire. Aussi, les philosophes qui pensent trouver la liberté dans l'expérience, qui s'imaginent que la liberté fait elle-même son apparition dans le temps et que nous la saisissons dans ses actes, sont-ils les pires adversaires de ce pouvoir mystérieux. Non seulement ils en nient l'existence, mais ils en rendent le concept totalement impossible. D'après leur système, la liberté ne peut être qu'un vain mot.

Mais, si l'on transporte la liberté de l'ordre des phénomènes dans celui des noumènes, si l'on vient à la séparer de l'expérience, si l'on en fait une chose en soi, tout change de face : on a par là même considérablement avancé la question. Dès lors en effet le problème se pose sous cette forme : « Quand je dis d'un homme qui commet un vol, que cette action est, d'après la loi naturelle de la causalité, un résultat nécessaire des principes déterminants du temps qui a précédé, c'est qu'il était donc impossible qu'elle n'eût pas lieu. Comment donc puis-je, en jugeant d'après la loi morale, faire ici un changement et supposer que l'action aurait pu cependant être omise, parce que la loi dit qu'elle aurait dû l'être ? c'est-à-dire comment peut-on appeler tout à fait libre un homme au moment même et relativement à la même action auxquels il est soumis à une nécessité naturelle inévitable »[1] ? En tant que doué d'une existence phénoménale, cet homme a conscience d'être soumis à la loi de la nécessité naturelle ; mais, d'un autre côté, il a conscience de lui-même comme d'une chose en soi, et se regarde à ce titre comme indépendant de toute contrainte empirique, dégagé des entraves de l'expérience, maître par là même de ses décisions ; pour ce motif, bien que son action soit déterminée dans le passé, il peut dire avec raison qu'il aurait pu ne pas la faire. Si l'on voulait parler ici la langue de Jansénius, on dirait que le voleur dont il s'agit a l'infortune de recevoir la grâce suffisante, cette grâce qui mène aux enfers.

1. *Crit. R. Prat.*, trad. Picavet, p. 173.

Ainsi l'on peut dire que toutes les déterminations d'un homme quelconque peuvent être calculées avec la même certitude qu'une éclipse de soleil ou de lune ; et cependant, pour qui serait à même de lire dans la nature elle-même de cet homme, il deviendrait évident que toutes ses déterminations dépendent de la spontanéité de son vouloir, considéré comme chose en soi [1]. « Celle-ci (la liberté pratique) suppose en effet que, bien qu'une action n'ait pas eu lieu, elle aurait dû cependant avoir lieu, et que par conséquent la cause de ce qui a eu lieu dans le phénomène n'était pas tellement déterminante, qu'il n'y eût dans notre volonté une cause capable de produire, indépendamment de ces causes naturelles et même contre leur puissance et leur influence, quelque chose de déterminé dans l'ordre du temps d'après des lois empiriques; c'est-à-dire de commencer tout à fait de soi-même une série de mouvements »[2].

*
* *

De cette théorie de la liberté découlent des conséquences qu'il faut noter : 1° « la volonté est une

---

[1]. *Crit. R. prat.*, p. 180, et suiv.
[2]. *Rais. spécul.* III, 136, Barni.

espèce de causalité des êtres vivants, en tant qu'ils sont raisonnables, et la liberté serait la propriété de cette causalité d'être agissante indépendamment des causes étrangères qui la déterminent, de même que la nécessité physique est la propriété de la causalité de tous les êtres privés de raison d'être déterminés à l'activité par l'influence de causes étrangères ». La nécessité physique était une hétéronomie des causes efficientes ; car nul effet n'était possible qu'à la condition que quelque autre chose déterminât la cause efficiente à la causalité. Que peut donc être la liberté de la volonté, si ce n'est une autonomie, c'est-à-dire cette propriété de la volonté d'être à elle-même une loi ?

2º Une volonté libre et une volonté soumise à des lois morales sont une seule et même chose [1]. « On ne peut concevoir une raison, qui, ayant conscience de son propre jugement, reçoive d'ailleurs une direction ; car alors le sujet n'attribuerait pas à sa raison, mais à un mobile la détermination du jugement ».

3º Si la volonté libre et la loi morale ne font qu'un, l'homme participe à la dignité souveraine de cette loi. La liberté humaine est sacrée

---

1. *Métaph. des mœurs*, p. 103. Tissot.
2. *Ibid.*, p. 107.

au même titre que l'idéal auquel elle est immanente. Il est défendu de prendre l'homme comme un moyen ; l'homme ne peut être qu'une fin : ce qui donne au droit un fondement dans l'essence même de notre être rationnel.

Mais ce n'est pas ici le lieu de développer ces corollaires qui nous révèlent ce qu'il y a de profond et de fécond dans les vues morales de Kant. Remarquons seulement que, pour le philosophe de Kœnisgberg, la liberté que ne manifeste pas la conscience et que la science rejette de son domaine, a sa preuve soit dans l'intelligibilité soit dans le caractère obligatoire de la loi morale. C'est de cette idée qu'on partira, non seulement pour défendre la liberté, mais pour la faire redescendre de son ciel intemporel. Kant l'a faite immobile, on lui rendra le mouvement.

CHAPITRE II

FORMES DU MOUVEMENT NÉO-CRITICISTE.

I

Comme Kant, M. Secrétan part de la loi morale pour établir la liberté. Mais il a sa manière d'entendre cette méthode et aboutit à des conclusions assez différentes. Kant a emprisonné la liberté dans le noumène ; M. Secrétan l'en vient tirer et, sans lui enlever sa réalité métaphysique, la ramène dans le monde de l'expérience. Il en fait à la fois le fond de l'être et un principe empirique d'action. La liberté, dans son système, est partout, domine tout. On la peut comparer à ce dieu des Orphiques, qui est à la fois le commencement, le milieu et le terme de l'univers. En chacun de nous, comme au sein de la substance infinie, elle travaille sans relâche à la réalisation de l'ordre absolu, dont le degré suprême est le bien moral. Mais c'est là une vue qu'il faut développer pour en faire comprendre et l'élévation et la portée.

La pensée de M. Secrétan, qui n'a guère varié à travers sa longue et glorieuse carrière, se ramène tout entière à la proposition suivante : il faut croire à la liberté ; car, d'une part, le devoir la réclame et à titre d'agent temporel. D'autre part, elle n'a rien de contraire à la science ; bien plus, elle en fournit vraisemblablement l'explication dernière : l'être est liberté. Par conséquent, liberté et devoir, liberté et science : telles sont les deux questions qu'il faut mettre en lumière, si l'on veut connaître la théorie de l'éminent philosophe. Commençons par la première.

Il faut l'avouer, pense M. Secrétan, la conscience de nos actes volontaires ne suffit pas à établir la liberté : « En elle-même la croyance instinctive à la liberté ne prouve rien de plus que la perception qui nous fait voir le soleil marchant dans les cieux, ou plutôt elle prouve moins, car l'immobilité du soleil relativement à la terre n'est pas non plus une vérité prouvée, au sens rigoureux du mot prouvée, et nous voyons toujours le mouvement du soleil ; tandis qu'indépendamment des systèmes et des opinions qui en découlent, nous ne nous sentons pas toujours, nous ne nous croyons pas tous également libres ; et qui sait s'il n'y a pas des gens qui n'ont jamais cru l'être »[1] ? Mais si la

---

1. *La civilisation et la croyance*, IIe part., c. I, II ; — *Principe de la morale*, 1883.

conscience ne légitime pas notre croyance à la liberté, il en va tout autrement de la loi morale ; en effet, de quelque côté qu'on examine cette loi, qui sert d'idéal à notre conduite, nous constatons toujours qu'elle implique la liberté.

D'abord, la croyance au devoir s'étend à toutes les latitudes et à tous les temps. Les peuples les plus avilis en conservent encore quelque trace, et, si haut qu'on remonte à travers le cours des siècles, on ne la trouve jamais absente. La croyance au devoir est un fait universel ; et ce fait, les explications évolutionnistes n'ont pas réussi à l'obscurcir. En premier lieu, la méthode que les partisans de l'évolution ont employée à cette triste tentative, n'a rien de scientifique : c'est une méthode à rebours. Elle consiste tout entière à expliquer le devoir par des états infimes de la conscience humaine, où le devoir n'a pas encore fait son éclosion. Autant vaudrait chercher dans le pollen d'une fleur la disposition future et la couleur de ses pétales. En outre, la question d'origine a beaucoup moins d'importance qu'on ne le croit. Que nous importe au fond que nous descendions des singes par l'intermédiaire de races anthropoïdes ou que nous soyons les fils pervertis d'un Adam ? Le problème de notre nature demeure toujours le même, nous restons ce que nous sommes ; or **nous** sommes des êtres supérieurs que l'éternelle raison a un jour éclairés de sa divine **lumière** et qu'elle a par là même assujettis au **devoir**. Au moment où l'homme s'est éveillé à la vie de l'entendement, tout a changé pour lui ; il a passé subitement à un ordre plus élevé, la loi morale est devenue sa loi. De quelque manière qu'il se soit produit, le sentiment de l'obligation n'en est pas moins partout où se trouve encore une étincelle de raison ; la croyance au devoir est « un trait caractéristique de l'humanité ». Par là même, c'est le fait central, le fait dont il faut partir : il ne se peut pas qu'un sentiment qui tient à l'essence de l'esprit humain soit totalement illusoire ; il a quelque part son fondement, il est du moins irrationnel de le mettre en doute [1].

L'homme croit au devoir, par le fait même qu'il est homme. De plus, il sent d'une manière plus ou moins forte que le devoir n'est pas une forme vide, comme l'a cru Kant. Il comprend que le devoir enveloppe un objet, qu'il y a un bien moral,

---

[1]. *La civilisation et la croyance*, ibid. ; — *Principe de la morale* : « ... il est certain qu'un idéal moral flotte devant l'esprit de l'homme, bien qu'il varie singulièrement de peuple à peuple et même d'individu à individu » (recherche du principe, II).

et ce bien lui paraît avoir une valeur souveraine. « Chacun sent, chacun sait, en dehors de tous les systèmes, que la seule chose essentielle est d'être honnête homme et chacun sent que cette certitude est supérieure à tous les systèmes. La valeur réelle d'un homme est sa valeur morale. Supposer qu'il y a quelque chose de préférable à la probité, c'est supposer qu'il y a quelque chose qui peut dispenser de la probité. Nul ne l'admettra sérieusement qu'un être très corrompu, si toutefois le sérieux est compatible avec la corruption... L'intérêt moral est donc le premier »[1]. Jouir et savoir ne sont que des biens secondaires ; agir moralement, voilà ce qui fait le prix de l'existence.

D'ailleurs, qu'on laisse de côté cette considération relative à l'excellence du bien moral, il reste encore une question sur laquelle il ne peut y avoir désaccord : c'est que le devoir est une nécessité pratique de la vie humaine. Est-ce que chacun ne constate pas avec épouvante que la criminalité va toujours croissant, que la précocité du mal augmente sans trêve ? Est-ce qu'on ne remarque pas à chaque instant que le sens du bien s'affaiblit

---

[1]. *La civilisation et la croyance*, IIIe p., c. I, III — *Principe de la morale, infér. physiques*, IV.

de plus en plus, que la vertu voile en quelque sorte sa face, que la civilisation tout entière se meurt d'une anémie morale ? Or où sont les causes de ce déclin universel, de jour en jour plus sensible ? sans nul doute, ces causes sont multiples. Mais la première de toutes, la plus agissante et la plus profonde, c'est sans contredit la diminution de la croyance au devoir. A force de parler de mécanisme, à force de prêcher l'universelle nécessité, on a fini par faire penser aux hommes que l'obligation morale n'est qu'un mot, et que par conséquent il n'y a plus qu'à laisser faire en soi comme autour de soi. Le sentiment du devoir a perdu de son intensité, et voilà pourquoi tout le reste va à la dérive ; voilà pourquoi la criminalité monte avec le suicide et la folie, voilà pourquoi la patrie se dévore et l'honneur disparaît [1]. Les partisans du déterminisme se récrient, il est vrai, contre un tel argument ; ils essaient de creuser un fossé infranchissable entre la négation théorique du devoir et la conduite. Mais la logique est plus forte que les artifices. Quelle raison celui qui ne croit plus à l'obligation morale, pourrait-il avoir de préférer une illusion de sa conscience à ce qu'il croit être

---

1. *La civilisation et la croyance*, Ibid.

son avantage ? Pourquoi ne volerait-il pas, puisque le vol n'est pas défendu ? Pourquoi ne manquerait-il pas à sa parole, puisqu'il n'y a pas de mal à la chose ? Que les déterministes se défendent autant qu'ils voudront, la vérité demeure la plus forte. S'en prendre au devoir, c'est paralyser la volonté, c'est déchaîner les passions sur le monde, c'est faire une œuvre essentiellement antisociale. Le devoir est une condition de la vie humaine. On grandit dans la mesure où l'on y croit ; on décline dans la mesure où l'on s'en éloigne ; on meurt quand on apprend à en douter. Le devoir est le soleil du monde moral. C'est de là que viennent lumière et vie.

Ainsi, soit qu'on considère le caractère obligatoire de la loi morale, soit qu'on cherche la valeur de son objet, soit qu'on examine l'influence qu'elle exerce sur la vie humaine, elle nous apparaît toujours comme la plus légitime des croyances. Il faut croire au devoir ; mais, par là même, il faut croire à la liberté. Prouver le devoir, c'est prouver la liberté. « Nous voulons croire à l'obligation ; nous sommes moralement obligés de croire à l'obligation ; c'est pourquoi nous voulons croire et nous croyons à la liberté de choix ». Si nous devons, nous pouvons ; et dire que nous pouvons, c'est affirmer que nous avons en nous-mêmes la faculté de nous arracher aux étreintes de la passion pour nous porter vers le devoir, que nous sommes à même de tirer certains actes de notre propre fond à l'encontre de leurs mobiles, c'est proclamer notre liberté [1].

Notre croyance à la liberté dérive de notre croyance à la loi morale. Mais de quelle liberté s'agit-il ? Faut-il penser, avec Kant, que la liberté n'a rien d'empirique ; que, la chaîne des phénomènes étant absolument infrangible, la liberté n'y peut rien changer, que par là même elle ne peut exister et n'a de sens qu'autant qu'on la relègue dans le noumène ? Faut-il croire que la liberté n'est admissible qu'autant qu'on lui met des fers ? Nullement ; et sur ce point capital, aussi bien que sur la matière de la loi morale, Kant a fait fausse route. D'abord, cette séparation profonde, qu'il a établie entre le monde phénoménal et le monde nouménal, est quelque peu « scabreuse » ; il n'en est pas ainsi de fait, au moins d'après nos conceptions les mieux fondées. Le phénomène n'est rien par lui-même ;

---

1. *La civilis. et la croy.*, IIe p., c. I, II ; — *Principe de la morale*; Dans cet autre ouvrage, M. Secrétan ajoute que l'approbation et le blâme, l'estime et le mépris supposent la liberté inf. phys., IV, ; — (Revue philos., année 1882).

il n'a de réalité que dans et par un principe plus réel, auquel il reste inhérent et qui est précisément le noumène. Mais, quoi qu'il en soit de cette observation, il demeure certain que la liberté qu'il faut admettre, c'est celle que postule la loi morale pour descendre du logique dans le concret, dont le devoir a besoin pour se réaliser, par laquelle nous devenons capables d'agir sur le cours de nos idées, sur nos émotions, nos désirs, nos mouvements, et par nos mouvements sur la nature extérieure ; la liberté qu'il faut admettre, c'est ce pouvoir absolu, qui, sortant à chaque instant de son mystère, pétrit à sa façon les données primitives de notre être et travaille sans relâche à l'accroissement de l'empire humain sur la matière ; la liberté qu'il faut admettre, c'est la faculté d'arrêter et de diriger dans une certaine mesure le cours des événements intérieurs et extérieurs. Le devoir n'a que faire d'une liberté qu'on a mise au galetas ; il lui faut un principe incessant d'action.

La liberté, et la liberté temporelle, a les mêmes titres à la croyance que la loi morale[1]. Mais ce n'est pas à dire qu'elle soit prouvée, car la loi morale ne l'est pas. Loi morale et le libre arbitre ne se

---

1. *Principe de la morale, recherche du principe.*

démontrent pas : ce sont des objets de foi. Mais cette foi a des racines si profondes dans la nature humaine, qu'il faut l'accepter ou douter de tout. Dire que le devoir et la liberté ne sont que des illusions, c'est renoncer à soi-même, c'est abdiquer sa raison. Or on n'en peut venir à cette extrémité. Il est vrai que nous ne pouvons pénétrer le fond des choses, vu que notre esprit a sa manière à lui de concevoir. Mais il y a dans la nature une certaine finalité qui nous autorise à penser et fermement que notre esprit n'est pas tout entier de travers. Nous n'avons point la vision des choses ; mais la croyance nous reste, et la croyance nous suffit.

Avec M. Secrétan la dialectique de la foi succède à la dialectique de la raison pratique, et, du moment que l'entendement ne nous dit rien de la valeur objective de ses concepts, c'est à cette solution qu'il faut s'en tenir. Le néo-criticisme est le développement logique du criticisme lui-même.

*
* *

La loi morale postule la liberté. Dès lors, on peut l'affirmer avant tout examen, la liberté se concilie de quelque manière avec la science. « Le vrai ne saurait être contraire au bien » ; car le bien, c'est encore le vrai. Il y a plus. Il est clair que « le bien moral prime tout »; « nul ne saurait le contester sans se nier lui-même, car c'est se mentir à soi-même ou proclamer son ignominie que de mettre quelque chose en balance avec la probité »[1]. Mais, si le bien moral prime tout, il contient aussi les raisons de tout : c'est à la loi morale qu'il faut demander l'idée directrice, qui doit présider à l'interprétation de la nature. Par là même, ce n'est pas à la liberté de se justifier devant la science ; c'est à la science de comparaître au tribunal de la liberté : qu'on renverse les rôles et l'on sera dans le vrai. Toutefois, il n'est pas nécessaire d'aller jusque-là ; il suffit d'envisager la science en elle-même, pour montrer qu'on n'a pas de griefs bien importants à élever en son nom contre la liberté. En premier lieu, de quel droit applique-t-on aux phénomènes de la pensée une méthode qui est destinée à l'étude de la matière ? Il est très vrai que, lorsque le savant transporte ses procédés en psychologie, il se produit subitement un conflit. « Mais ce conflit naissant doit lui montrer précisément qu'il a touché la borne de son do-

---

[1]. *Ibid.* — Schelling a formulé la même pensée dans sa *philosophie der offenbarung.*

maine, et qu'il ne doit pas s'aventurer dans le pays de la raison, de l'histoire et de la morale, dans l'empire du bien et du mal. Si néanmoins il passe la frontière, s'il entreprend l'unification de la science, au moyen de sa seule méthode, en appliquant universellement les axiomes valables dans la sphère de cette méthode, il doit quitter l'habit du savant pour le manteau du philosophe, que selon toute apparence il portera mal; sans le savoir peut-être, il fait de la métaphysique, comme on peut en faire avant d'avoir réfléchi sur la nature et les conditions de la connaissance : Tranchons le mot, il fait de la mauvaise métaphysique, car la nature des choses ne comporte pas la solution des problèmes universels, au moyen d'inférences exclusivement puisées dans un ordre particulier de phénomènes. La science de la nature trouve son point de départ légitime dans la sensation ; la science de l'homme trouve son point de départ légitime dans la conscience morale. Quelle que soit aujourd'hui la préférée, il n'importe ; aucune d'elles n'a le droit de supprimer l'autre »[1]. Ce n'est pas la science, mais l'abus de sa méthode qui crée le conflit de la science et de la liberté.

1. *Évolution et liberté*, revue phil., août 1885.

Outre la méthode de la science, il faut, il est vrai, considérer ses résultats généraux, et parmi ses résultats il en est un qui semble viser la liberté, c'est la conservation de l'énergie.

Mais l'universalité de cette loi n'est pas encore démontrée. On ne sait pas si elle s'applique aux phénomènes psychiques ; est-on même bien sûr qu'elle s'étende à tous les phénomènes matériels [1] ? Qu'on admette d'ailleurs l'hypothèse la plus favorable à la cause déterministe, qu'on fasse de la conservation de la force une loi qui n'a d'exception nulle part, on n'en est pas mieux fondé à conclure contre le libre arbitre ; car le libre arbitre fait partie de la somme des énergies cosmiques. Sans nul doute, si l'on commence par écarter la liberté, puis qu'on fasse le total des forces de la nature, la liberté n'a plus de place nulle part ; c'est une force de surcroît, dont la présence est irrationnelle. Mais il y a là un artifice qui ne peut tromper personne ; l'ostracisme n'a rien à voir avec la science.

On n'a donc pas le droit de nier la liberté au nom des lois de la science. On peut aller plus loin : il est permis de se demander si ces lois elles-mêmes,

---

1. *La civil. et la croy.*, IIe p., c. I, III ; — *Principe de la morale*, infér. phys., V.

qui semblent devoir changer jusqu'aux fondements de la morale, ont bien la nécessité qu'on leur prête. Ce n'est pas l'expérience qui a prouvé l'universelle nécessité des lois de la nature ; car, si loin qu'on l'ait portée, son domaine n'est encore qu'un îlot dans l'océan sans rivage des phénomènes passés, présents et futurs. De plus, supposez qu'on connaisse tous les faits et toutes leurs liaisons, il faudrait encore montrer « que ce qui s'est passé n'aurait pu se passer autrement » ; or à telle besogne, l'expérience ne suffit pas ; car elle ne donne que des agglutinations physiques ; les dérivations logiques lui font défaut. Pour trouver la nécessité, il faut s'élever de l'expérience à l'entendement ; c'est dans l'entendement que gît le germe de toute nécessité. Mais alors il n'y a de nécessaire dans la nature que ce que nous y mettons, il n'y a de nécessaire que notre manière de concevoir.

Il suffit donc de se rendre compte de la vraie signification de la science, pour remarquer que le conflit, dont on fait tant de bruit, n'existe pas et ne peut exister. La science serait-elle nécessaire, qu'on n'en devrait rien inférer relativement à la liberté ; mais elle ne l'est pas ; ou, ce qui revient au même, elle ne l'est que parce que nous y mettons de notre pensée. Sans doute, la science aurait quelque avantage à ce que tout fût nécessaire ; dans un tel ordre de choses, elle marcherait plus sûrement et plus vite. Mais, s'il n'en est rien, il en faut prendre son parti, et si la morale gagne quelque chose à l'état actuel, il faut s'en réjouir ; car, pour nous, la question suprême, c'est la question morale.

*
* *

Non seulement la science ne contredit pas la liberté ; mais encore elle y trouve sa meilleure explication.

Le phénomène n'est pas toute la réalité ; il n'en forme que le premier plan. Le phénomène « n'existe que pour nous » ; « le phénomène n'est pas ». Il y a quelque chose qui ne dépend pas de notre pensée, qui ne tient à aucune apparence, qui n'a pas d'antécédent ; il y a quelque chose qui existe en soi : il y a quelque chose qui est [1]. De plus, ce quelque chose de plus profond et de plus riche que le phénomène, qui sert de support à tout ce qui naît et périt et se supporte soi-même, ce quelque chose est un. On ne peut, il est vrai, en fournir

---

1. *Philosophie de la liberté*, 1849, Leç. XV ; — *Principe de la morale*, infer. Mét., I.

une démonstration objective. Notre entendement ne porte pas si loin ; nous ne connaissons les choses qu'à travers les concepts. Mais c'est une exigence de la pensée : nous cherchons naturellement l'unité ; l'unité, c'est le but de tout effort scientifique, c'est l'idéal vers lequel tend notre raison de son propre élan. « Or l'unité de la connaissance et l'unité de l'être sont une seule et même thèse ». il faut accepter le panthéisme, comme l'ont plus ou moins formellement accepté toutes les grandes écoles, même la scolastique : le panthéisme est la prémisse dont il faut partir.

L'être est un [1] ; mais aussi, comme nous l'avons vu, il est en soi, et c'est par là que nous approchons du but, c'est de là que « nous voyons blanchir l'aurore ». Si l'être est en soi, il est aussi par soi, puisqu'il n'y a pas d'autre réalité, à laquelle il soit inhérent. Mais dire que l'être est par soi, c'est dire qu'il est à lui-même sa propre cause ; c'est dire qu'il « se fait ce qu'il est » ; c'est affirmer qu'en se faisant ce qu'il est, il produit en lui-même un commencement absolu. Le nom de l'être, c'est es-

---

1. Sur ce point, M. Secrétan paraît moins affirmatif *dans son Principe de la morale* que dans sa *Philosophie de la liberté* (infer. phys., v).

prit, volonté indépendante, liberté[1]. L'être se définit :« Je suis celui qui veux ».

L'idée d'être conduit par l'idée de substance à la liberté ; elle aboutit au même terme par une autre voie qui est l'idée d'infinie perfection. « Nous tournons, dit M. Secrétan, la prémisse du raisonnement (ontologique) au profit de la liberté et nous disons : l'idée de Dieu est celle de l'être parfait. Mais un être parfait de sa nature le serait moins que celui qui se donnerait librement la perfection. L'idée d'un être parfait de sa nature est donc une idée abstraite et contradictoire. L'être parfait de sa nature serait encore imparfait ; l'être parfait est celui qui se donne lui-même la liberté qu'il possède, c'est-à-dire l'être absolument libre ». Qu'on allègue contre un tel raisonnement l'obscurité qui l'enveloppe ; cette obscurité n'en diminue pas la force, elle témoigne plutôt en sa faveur. L'Infini ne serait plus l'Infini, si nous venions à le comprendre

L'être n'est point parfait, s'il ne se donne la liberté ; il l'est encore moins, s'il ne la possède de

---

[1]. « Causalité, liberté, substance, idée, autant de noms, autant de doigts indicateurs qui marquent le même point à l'horizon, l'affirmation nécessaire, inévitable de l'être existant par lui-même, de l'Éternel, de la Vérité » (*Principe de la morale*, infer. phys.).

quelque manière en son infinie nature. Car qui dit perfection, dit souveraine réalité ; or la souveraine réalité, ce n'est ni la passivité, ni l'activité, ni la spontanéité ; c'est l'absolue liberté [1].

Par conséquent Dieu est l'absolue liberté ; il dispose du monde logique comme il l'entend. « La liberté absolue est le principe de la raison ». C'est une nécessité pour nous de penser ce que nous pensons, parce que nous ne nous sommes pas faits nous-mêmes. Ce n'est point une nécessité pour Dieu de penser ce qu'il pense, parce qu'il s'est fait comme il l'a voulu et que la vérité est partie constitutive de son essence. Tout est possible à Dieu, même les contraires. Ce n'est pas, il est vrai, que le beau puisse être le laid ; mais le beau et le laid peuvent coexister dans une même chose. La vérité est créée ; le temps et l'espace le sont aussi : ils « n'existent pas indépendamment de Dieu » ; ils sont parce que Dieu les veut, tels qu'il les veut, autant qu'il les veut : il en dispose absolument. « Il les produit et les mesure, mais il n'est point limité par eux » [1].

Si Dieu est libre à l'égard de la vérité, du temps et de l'espace, il l'est à plus forte raison

---

1. *Philosophie de la liberté*, Leç. XVI-XVI.
2. *Ibid.*, Leçon XVII ; — *Principe de la morale*, infér. phys., v.

dans ses rapports avec le monde. Dieu ne crée ni par besoin, puisque l'infini n'en peut avoir ; ni par devoir, puisqu'il fait le devoir : c'est l'œuvre de sa liberté. Dieu crée sans retour sur lui-même, en vue de la création uniquement. La bienveillance, la grâce, la charité, l'amour : voilà le mot de l'énigme du monde ; voilà le principe du drame universel [1].

Pour créer, Dieu sépare de lui quelque chose de lui-même : il l'en sépare, c'est-à-dire qu'il l'anéantit, le réduisant au non-être, à la puissance. Dans ce non-être il fait éclore un germe de liberté, par lequel la créature peut d'elle-même revenir à sa source, se rapprocher sans cesse de l'idéal infini dont elle est tombée ; et voilà le secret de la marche ascendante des êtres vers le meilleur, voilà le secret du progrès universel. « L'évolution n'est autre chose que l'effort de la liberté pour apparaître » [2]. L'homme coopère avec Dieu à l'achèvement de la création qui s'est faite sans lui ; et c'est la plus noble partie de sa destinée.

La liberté est donc la reine du monde : elle fait le fond de l'être ; tout en sort, et tout y retourne à travers un cycle immense qui est son œuvre.

1. *Ibid.*, Leç. XVIII.
2. *Évolution et liberté*, art. déjà cité.

Il n'y a de nécessaire que notre manière de comprendre ses manifestations. Encore cette nécessité a-t-elle quelque chose de conditionnel ; la liberté eût pu faire qu'il en allât d'autre manière.

Que nous sommes loin du déterminisme ! Et comme les mailles de la réalité se sont élargies ! il faut admirer ce puissant effort : il groupe dans une vaste synthèse ce qu'on trouve de meilleur dans Descartes, Spinoza, Kant et Schelling ; de plus, il nous vient d'une âme qui, on le sent bien à chaque instant, est toute faite d'idéal, de respect et d'amour. Nous nous permettrons néanmoins d'exprimer les regrets que nous laisse la philosophie de M. Secrétan. Son panthéisme n'est pas prouvé : il n'est pas prouvé que l'être soit un, que ce qui est en soi soit aussi par soi, que ce qui est par soi produise son propre être. On pourrait même montrer sans trop de peine que ce dernier point enveloppe une contradiction manifeste. De plus, M. Secrétan a fait une part trop large à la liberté. Laissons aux savants leur nécessité, puisqu'elle n'est constatée que dans l'ordre de leurs recherches, c'est-à-dire dans le monde physique ; l'âme nous suffit comme sanctuaire de la liberté. Enfin, tout en prenant l'offensive à l'égard de la science, M. Secrétan nous semble avoir fait une concession bien dangereuse. Il est imprudent de laisser croire que la liberté qui est essentiellement consciente n'a pas conscience d'elle-même. Pourquoi baisser pavillon sur une telle question ? Pourquoi céder à une mode qu'ont accréditée les déterministes et qui n'a de fondement que dans leurs préjugés ? Il faut rétablir le témoignage de la conscience, et nous nous étonnons de voir l'éminent moraliste abandonner cette position dont il a d'ailleurs signalé l'importance dans une page aussi forte qu'émue. « Lorsqu'en face d'un choix à faire entre deux partis, dit-il, nos intérêts, nos instincts, nos affections poussent du même côté : alors la liberté sort du voile et paraît dans sa nudité sévère. Nous la voyons triomphante, lorsque pour la suivre, nous marchons sur nos plus chers trésors ; nous y croyons encore, lorsque préférant obéir à nous-mêmes, nous faisons à regret ce que la voix intérieure nous dit être mal. Il nous serait fort agréable de nous persuader que nous ne pouvons agir autrement que nous n'avons fait, mais nous nous en trouvons incapables »[1]. Voilà un fait auquel les objections ne peuvent rien : il eût été meilleur de s'y tenir.

1. *La civil. et la croy.*, IIe part. c. ɪ. ɪv.

II

Cinq ans après la publication de la *Philosophie de la liberté* paraissait le *Premier essai* de M. Renouvier. C'était l'ouverture d'une nouvelle campagne contre le déterminisme, qui devait se poursuivre avec une infatigable ardeur pendant près de quarante ans. Le moment est venu d'esquisser ce long effort fait par un grand esprit pour la plus noble des causes.

M. Renouvier est de la même école que M. Secrétan. Il reste, comme lui, fidèle à la pensée-mère de Kant : il faut sauver le libre arbitre, parce qu'il faut sauver la morale. De plus, il fait subir une transformation analogue au concept même de la liberté. A son sens, une liberté qu'on relègue dans l'intemporel, à laquelle on fait une loi de ne pas se mêler de nos affaires, n'est qu'un songe et un songe contradictoire. Qui dit liberté, dit pouvoir de commencer des séries nouvelles de phénomènes, faculté d'intervenir dans le cours des événements ; la liberté est essentiellement une énergie empirique. Nous sommes libres à chaque instant de notre vie, nous le sommes jusqu'à la racine de notre intelligence, dans toutes nos synthèses d'idées, dans tous nos jugements [1].

M. Renouvier a la même méthode et la même thèse que M. Secrétan. Mais cette méthode, il a sa façon de l'appliquer ; cette thèse, il l'étaie sur des raisons qui sont siennes : et c'est ce qu'il faut mettre en lumière.

En premier lieu, M. Secrétan est un substantialiste. M. Renouvier prend parti pour le phénoménisme et en fait une de ses opinions favorites. Il n'y a rien en dehors de nos représentations. Le monde, que les métaphysiciens ont projeté de la pensée dans le vide absolu, n'est qu'une sorte de fétiche. Si l'espace existe, « il y a des choses réelles, actuelles, qui ne sont pas en nombre déterminé, ce qui est absurde ». L'espace, en effet, est de sa nature divisible à l'infini ; on ne conçoit pas d'arrêt à la division de ses parties. Dire par conséquent qu'il existe en dehors de toute conscience, c'est affirmer la réalisation d'un nombre infini d'éléments. Mais il y a là une contradiction flagrante. Toute série donnée a un dernier terme, tout nombre réel est fini. Qu'on fasse une bonne fois la distinction du possible et de l'actuel, et l'on verra que

---

1. 2ᵉ *Essai*, 1ʳᵉ p., XIX ; — 3ᵉ *Essai*, introd., LVI.

l'espace ne peut pas plus exister que les imaginaires des mathématiciens.

Le même raisonnement vaut pour le temps, le continu, la matière : le monde extérieur tout entier n'est que pour et par la pensée. Ce n'est pas tout : la pensée elle-même n'enveloppe pas plus la substance que la matière. La représentation, en effet, se suffit. On pourrait recourir à la substance, si la représentation réclamait autre chose qu'elle-même ; car il ne faut pas faire de la limite de notre esprit la limite de la réalité. Mais qu'on le remarque bien, la représentation n'exige ni prototype ni fondement. Le fait est si vrai qu' « en voulant poser autre chose que la représentation, c'est encore elle qu'on pose ». Ce qui ne devient pas pensée, ce qui ne devient pas fait de conscience n'est rien pour nous, n'est rien pour personne. Être et connaître ne font qu'un. Non seulement il n'y a pas de pensée substantielle ; mais encore le moi, tel que l'ont compris Maine de Biran et Cousin, le moi qui est l'unité réelle et consciente de nos divers états psychiques, n'est qu'une sorte de mirage intérieur. Chaque phénomène a sa conscience à lui, et chaque conscience son phénomène. Il n'y a que des choses à la fois « représentantes et représentées » ; et le moi n'est qu'un ensemble de ces choses évoluant d'après une loi d'ordre organique [1].

Le monde actuel est une somme de phénomènes, et nous voilà aux antipodes de la pensée de M. Secrétan. Chez le philosophe suisse, c'est l'unité qui règne ; le philosophe français croit à la multiplicité radicale de l'univers. Il va plus loin dans son idée ; car il aime à épuiser ses propres principes, sa logique ignore la peur.

On ne peut démontrer que tout provienne d'une source unique. Les arguments qu'on a fournis sur ce point difficile sont des cercles vicieux : ils consistent à prouver qu'il existe un être nécessaire, à supposer ensuite qu'il ne peut en exister un autre. Sans doute, le nécessaire ne peut succéder au nécessaire ; mais la question est tout entière de savoir s'il n'y a pas plusieurs êtres nécessaires coéternels. Et cette question n'a pas eu de réponse [1]. Mais, du moins, si l'unité n'est pas au début, sera-t-elle à la fin ? Y a-t-il une personnalité dont la conscience soit adéquate à l'être, où tout aille se concentrer sous un seul et même regard ? On a quelques raisons de le penser. Les actes moraux ont des

---

1. 1er *Essai*, I, IV, V, VIII, XIV, XV.
1. 1er *Essai*, causalité.

conséquences qui ne s'achèvent pas en cette vie, la finalité partout dominante dans les règnes organiques et conscients veut qu'il y ait un autre monde où le devoir et la sensibilité se donnent le baiser de paix, où la justice ait le dernier mot ; et, pour que la justice se fasse, il faut un justicier, une personnalité à la fois omnisciente et toute puissante. Mais cette conclusion est trop lointaine, elle a passé trop de fois par le tribunal de la liberté, pour garder le caractère de la certitude. Ce n'est qu'une probabilité dont il faut s'enchanter[1]. D'ailleurs, qu'il y ait ou non une réalisation suprême de l'idéal moral que nous portons en nous, le devoir garde toujours sa valeur absolue : c'est un impératif qui se suffit. L'immortalité de l'âme, l'existence de Dieu ne sont pas des postulats nécessaires de la loi morale, comme l'a cru Kant. Il y a une personnalité souveraine où le monde s'unifie, si tout est pour le mieux : or rien ne prouve qu'il en soit ainsi, on a même du contraire de nombreux et terrifiants indices.

M. Renouvier ne s'aperçoit pas, sans nul doute, qu'affirmer du phénomène qu'il se suffit, c'est en faire une substance ; qu'ainsi, au lieu de chasser du temple l'idole qui le peine, il ne fait que la

---

1. 1er *Essai*, fin ; 3e *Essai*, introd.

multiplier. Il n'a peut-être pas remarqué qu'en mettant dans chaque phénomène un représentant et un représenté, il n'aboutit qu'à diviser en un nombre incalculable d'éléments l'Être infini de Schelling : ce qui n'est qu'un assez mince progrès. Mais passons et suivons le développement de sa pensée.

.

Jusqu'à M. Renouvier, phénoménisme et déternisme sont une seule et même chose. Il change tout cela. Autant il apporte d'ardeur à supprimer la substance, autant il en met à défendre la liberté ; et c'est en ce point que consiste principalement l'originalité de son effort. On a placé dans la substance la racine du libre arbitre, et l'on a donné dans le piège du spinozisme. Il est temps de revenir de cette erreur ; pour ménager un abri sûr à liberté, il faut établir l'indépendance radicale des phénomènes. Montrons comment M. Renouvier expose cette curieuse idée. Sa thèse se résume aux deux propositions suivantes : 1° D'une part, la liberté est une nécessité morale ; 2° d'autre part, le concept de liberté n'a rien de contradictoire ; bien plus, la nécessité ne se comprend qu'autant qu'on l'admet.

La liberté, il est vrai, n'est pas susceptible d'une démonstration rigoureuse. D'abord, la conscience ne l'atteste ni en elle-même ni dans ce rayonnement d'elle-même à travers l'organisme, qu'on appelle l'effort musculaire. En premier lieu, le témoignage de la conscience ne prouve pas la liberté de nos volitions. En effet, il y a deux manières d'envisager ce témoignage. On peut le considérer à l'état direct ou à l'état indirect, comme donnée empirique ou comme donnée réfléchie. Dans le premier cas, « s'il est pris comme donnée empirique, il est constant, mais ne pose rien en dehors de sa propre existence et n'a pas de garants de son infaillibilité »; dans le second cas, « s'il traverse la réflexion, il est variable »[1] : les uns croient à sa valeur, les autres la nient. Ainsi le témoignage de la conscience non interprété n'affirme que lui-même; interprété, il devient contesté et par là même contestable. Si l'on se rabat sur le sentiment de l'effort musculaire, on donne plus de corps au témoignage de la conscience, on le rend plus saisissable; mais on ne réussit pas mieux à mettre sa valeur à l'abri du doute. Que se passe-t-il, en effet, lorsque j'essaie, par exemple, de mouvoir mon

---

1. 3e *Essai*, intr. xxxviii ; — *Crit. phil.*, 21 Août 1883.

bras? Je vois, d'une part, la représentation du mouvement à faire ; de l'autre, le mouvement lui-même : je ne perçois avec clarté que les deux extrémités d'un processus complexe, les intermédiaires m'échappent. Du moins n'en ai-je qu'une aperception confuse qui veut un contrôle ; et ce contrôle, quand il se fait, infirme ce qu'il faudrait affermir. L'observation extérieure nous révèle en effet que l'idée tend de sa nature à se réaliser ; elle nous révèle aussi que le sentiment de l'effort n'est pas efférent, comme on l'avait cru, mais bien afférent ; qu'il ne vient point du dedans, mais du dehors ; qu'il n'est pas produit, mais subi. C'est ce qu'ont démontré les ingénieuses expériences de W. James [1].

La conscience ne donne pas la réalité du libre arbitre ; et le raisonnement ne peut davantage nous la fournir. Trouver par voie de déduction l'existence du libre arbitre, ce serait trouver cette existence nécessairement incluse dans des principes nécessaires. Mais une telle démonstration n'a pas de sens. Car il n'y a pas de liberté, à proprement parler ; il n'y a que des phénomènes libres, et le propre de ces phénomènes, c'est de n'avoir pas d'an-

---

[1]. 2e *Essai*, t. I, XI ; — *Crit. phil.*, 23 Septembre 1880 et suiv.

técédent qui les détermine, c'est de pouvoir également être et n'être pas. Les phénomènes libres sont essentiellement indépendants ; et, par là même, ils ne peuvent dériver d'un principe. Démontrer la liberté par syllogisme, ce serait la nier du même coup. Et voilà une façon de raisonner qui jaillit du cœur même du système. Mais le malheur veut que, même à ce point de vue, on puisse en contester la valeur. Au sens de M. Renouvier, le phénomène libre ne vient pas du néant : il jaillit de la représentation ; c'est là qu'il a son germe. Par là même, qui pénétrerait le mystère de la représentation, pourrait en déduire la liberté dont il procède. Toutefois, une chose reste acquise, c'est que le phénoménisme n'est point nécessairement, comme on l'a dit, une théorie de la nécessité. Par le fait même qu'il consiste à séparer le mode de la substance, il tend vers l'indétermination, vers la liberté.

Il n'y a ni preuves à *posteriori* ni preuves à *priori* de l'existence de la liberté ; et cela tient, comme on vient de le voir, à la nature même de la question. Mais on peut en donner une raison générale et plus profonde, qui touche en quelque sorte au cœur du problème de la connaissance. Comme Pyrrhon l'a bien vu et le premier, il n'y a de certain que les phénomènes. « En dehors du phénomène mental comme tel, que nul n'a nié ni pu nier sans l'affirmer au même moment, la certitude est relative à la conscience qui la pose », et ne vaut que pour elle-même [1]. D'abord, « les systèmes, par le fait seul de leur extension sans bornes, de leurs retours et de leurs luttes interminables, prouvent pratiquement qu'il n'existe pour la certitude ni une fonction intellectuelle, évidente à la manière d'un phénomène, inniable comme une sensation actuelle, ni une affection universelle et nécessaire, une passion commune irrésistible » [2]. De plus, nous avons une raison toute psychologique de croire à notre impuissance d'atteindre avec certitude l'absolue vérité. Tous nos jugements sont des synthèses d'idées; ces synthèses, c'est nous qui les faisons. Or à cette œuvre nous n'employons pas seulement notre intelligence, mais encore nos tendances innées, nos passions, nos préjugés : à cette œuvre notre volonté est nécessaire. C'est elle qui affirme et nie, c'est elle qui prononce. Il y a quelque chose de moral dans tout jugement et par là même quelque chance d'erreur [3].

1. 3e *Essai*, Introduction.
2. *Ibid.*
3. 3e *Essai*, introd., B ; — 2e *Essai*, 2e p., XIX.

Le phénomène, voilà l'unique asile de la certitude. Mais en dehors du phénomène, il y a place pour tout un ordre de légitimes croyances, qui vont se dégradant de plus en plus depuis la certitude absolue jusqu'aux purs possibles. C'est parmi ces croyances, et à l'un des rangs les plus élevés, qu'il faut placer la liberté. Car, si l'on ne peut fournir de preuves évidentes de son existence, il y a des raisons qui doivent nous incliner à l'admettre. Qu'on nie la liberté, et la loi morale n'a plus de sens. On ne dit pas à quelqu'un : « marche », quand il a les fers aux pieds. Le « tu dois » suppose le « tu peux »; on aura beau ergoter, on ne sortira jamais de là. Qu'on nie la liberté, et il n'y a plus de bien moral. Sans doute, la nature ne sera point changée par là même, les êtres formeront toujours une certaine hiérarchie de perfections: l'homme continuera, comme auparavant, à l'emporter en excellence, sur l'animal, l'animal sur la plante, la plante sur le caillou du chemin; il y aura encore un bien naturel; mais le bien moral aura disparu. Le bien moral, en effet, n'est pas chose absolue : il est essentiellement relatif à l'activité : c'est un idéal qui se dresse devant nous comme un appel en haut. Mais à quoi bon cet éternel

Sursum Corda, si l'exercice et l'orientation de mes puissances ne dépendent pas de moi? A quoi bon, si je n'y puis rien? Qu'on nie la liberté, et la responsabilité n'est plus qu'une chimère; on ne s'en prend à personne de ce qui est l'effet de la nécessité. Qu'on nie la liberté, et le mérite et le démérite disparaissent du même coup. Qu'on nie la liberté, et le monde retourne en arrière : dès lors il n'y a plus de logique que le *laisser faire*, et le *laisser faire*, c'est le triomphe de la passion, la vie de l'instinct. Avec la liberté, la morale tout entière s'écroule et sans espoir de restauration.

Mais le devoir, le bien moral, les sentiments qui s'y rattachent, c'est ce qu'il y a de plus clair au dedans de nous-mêmes. La loi morale brille dans nos âmes, comme le firmament sur nos têtes. La loi morale est certaine. Par là même, il faut croire à la liberté sans laquelle on ne la conçoit plus [1].

*
* *

La liberté est donc un corollaire immédiat de la loi morale. En outre, il n'y a rien de contradictoire, soit dans son concept, soit dans la puissance

---

1. 2ᵉ *Essai*, t. I. III ; — 3ᵉ *Essai*, introd., XXXVII ; t. II. 313.

qu'on lui attribue de modifier de son chef le cours des événements.

Prise en elle-même, la liberté est mystérieuse comme tant d'autres choses ; mais elle ne répugne pas à la raison, elle n'enveloppe pas de conflit logique. On veut faire de la nécessité la loi universelle de la réalité : on prétend qu'il n'existe dans le monde que des antécédents et des conséquents qui s'appellent les uns les autres avec la rigueur des vérités mathématiques. Mais il n'y a là qu'un postulat, le postulat sans cesse renouvelé du panthéisme spinoziste. Qu'on dise enfin pourquoi la chaîne des phénomènes ne peut être rompue, qu'on montre ce qu'il y a d'inintelligible dans une représentation consciente qui se modifie elle-même, dans un fait *d'automotivité;* et, si l'on ne réussit pas à le montrer, qu'on avoue en toute franchise que dans la théorie de la liberté, aussi bien que dans celle de la nécessité, ce n'est pas en face du contradictoire, mais de l'inconnaissable que notre esprit s'arrête. Sans nul doute, les déterministes ont beau jeu, tant qu'il s'agit de la liberté d'indifférence ; mais le vif de la question n'est pas là. Il faut démontrer qu'il y a répugnance logique à ce qu'une fin donnée se puisse modifier elle-même, soit capable de choisir ses moyens de réalisation.

Or cette démonstration, personne ne l'a faite ; et l'on n'en voit pas la possibilité.

Non seulement la liberté n'implique pas contradiction, mais encore l'expérience nous fournit des indices incessants de sa réalité. D'abord, tout phénomène, quelle que soit sa nature, enveloppe quelque chose qui n'était pas auparavant, une réalité de plus. « A chaque pas d'un progrès dans l'être, quelque chose devient, quelque chose commence » : le propre du mouvement est d'impliquer du nouveau. Ce n'est pas tout ; à mesure qu'on s'élève dans l'échelle des êtres, en allant de la matière brute à la personnalité, on voit que les antécédents jouent un rôle de plus en plus effacé : de telle sorte qu'on a des raisons de penser qu'au sommet de l'univers la spontanéité se dégage de toute entrave et s'épanouit en liberté. C'est d'ailleurs une induction que la conscience elle-même vient confirmer ; car, bien que son témoignage n'ait pas une valeur absolue, il n'en a pas moins sa signification. N'est-il pas étonnant qu'on ne puisse, quoi qu'on fasse, déraciner la croyance à la liberté ? Cette croyance est si tenace, que ceux-là mêmes qui s'acharnent

1. 2ᵉ *Essai*, 4. II, XIII ; — Crit. phil., 13 Janvier 1883, 14 Juin, 1883.

à l'extirper des âmes, ne peuvent s'en délivrer pour leur propre compte : les déterministes font et pensent comme les libertistes. Quand on a démontré une bonne fois à une personne intelligente que le soleil est immobile au centre de notre système planétaire, c'en est fait pour toujours : cette personne ne croit plus au mouvement du soleil, bien que ses sens continuent à porter le même témoignage. Il en va tout autrement du libre arbitre : sur ce point la théorie ne change absolument rien à la pratique. D'où vient cette différence ? De ce que nous avons en nous quelque aperception confuse, mais irrésistible, de ce mystère profond qui s'appelle la liberté [1].

Ainsi la liberté a ses racines dans la réalité : elle n'est en nous que l'achèvement d'un phénomène qui s'ébauche dans la nature. On peut montrer de plus que la liberté, au lieu de détruire la science, en est le point de départ : et cela, non seulement parce que toute science se ramène à la croyance, comme on l'a déjà vu ; mais encore parce que, si tout est nécessaire, la vérité et l'erreur ne font plus qu'un. Voici le dilemme que M. Renouvier oppose aux partisans du déterminisme :

---

1. 2e *Essai*, t. III, XIII.

il l'emprunte à M. Lequier, mais il l'adopte et paraît lui ajouter une grande importance [1]. Ou bien la liberté existe ou non. Si la liberté existe, l'erreur se comprend ; elle a son facteur qui est la liberté même. Mais si la liberté n'est qu'une illusion, si la nécessité domine et produit toutes choses, l'erreur est nécessaire au même titre que les autres phénomènes. Or dire que l'erreur est nécessaire, c'est dire qu'elle est vraie : erreur et vérité s'identifient dans la théorie de la nécessité. Dès lors, il ne reste qu'un moyen de les distinguer, il ne reste qu'un moyen de fonder la science, c'est de revenir à la liberté.

Point de départ pour la science, la liberté en est aussi le dernier aboutissement. La régression à l'infini, dont a parlé Kant, est une contradiction dans les termes. Il faut s'arrêter une fois sur la voie des phénomènes, quand on remonte du présent au passé : il y a eu un premier phénomène. C'est une exigence de la catégorie du nombre, sans laquelle toute pensée devient impossible [1]. « Cauchy, dans ses cours et conférences de mathémati-

1. Lequier, *Recherche d'une première vérité*. L'argument est reproduit par M. Renouvier dans son 2º *Essai*, observations et développements, c ; dans son 3º *Essai*, introduction.
2. 1ᵉʳ *Essai*, 1.

ques avait l'habitude de démontrer, par une méthode qui remonte à Galilée, qu' « on ne saurait admettre la supposition d'un nombre infini d'êtres ou d'objets coexistants » — ou même encore qui auraient existé successivement, car la preuve s'étend à ce dernier cas, — « sans tomber dans des contradictions manifestes »; l'illustre savant avait raison, pense M. Renouvier. On peut fournir de son idée une démonstration qui ne souffre pas de réplique. « Je dis que, si toute la suite des nombres entiers était actuellement donnée, il y aurait deux nombres égaux dont l'un serait plus grand que l'autre, ce qui est une contradiction formelle *in terminis*, puisqu'on appelle égales les quantités dont l'une n'est ni plus grande ni plus petite que l'autre. C'est le sens des mots ».

« Supposons cette suite donnée, nous pourrons former une autre suite toute et exclusivement composée des carrés de la première, car on peut toujours faire le carré d'un nombre. Ainsi, par hypothèse, la seconde suite aura un nombre de termes égal au nombre des termes de la première. Or la première contient tous les nombres tant carrés que non carrés; la première a donc un nombre de termes plus grand que la seconde, puisque contenant tous les nombres elle contient tous les carrés, et qu'elle contient en outre les nombres non carrés. Mais, par hypothèse ou construction, ces nombres de termes sont égaux ; donc il y a des nombres égaux dont l'un est plus grand que l'autre. Mais cette conséquence est absurde »[1].

On peut donner à cette démonstration une forme mathématique, qui la rendra plus saisissante peut-être. On a d'une part les nombres simples :
$$1, 2, 3, 4, 5\ldots\ldots = x ;$$
d'autre part les carrés de ces nombres :
$$1, 4, 9, 16, 25\ldots\ldots = x.$$
On peut donc écrire :
$$1, 2, 3, 4, 5\ldots\ldots = 1, 4, 9, 16, 25\ldots\ldots$$

Mais, par ailleurs, le premier membre de l'équation est plus grand que le second ; car, contenant tous les nombres, il contient à la fois les nombres carrés et non carrés. On a donc aussi :
$$1, 2, 3, 4, 5\ldots\ldots > 1, 4, 9, 16, 25\ldots\ldots$$
ce qui est une contradiction.

Un nombre actuel ne saurait être infini. Or c'est là le cas des phénomènes cosmiques qui nous ont précédés : ces phénomènes sont ou ont été actuels. Ils sont donc en nombre fini : ils ont un premier

---

1. 3ᵐᵉ *Essai*, III, développement b. Même raisonnement dans la lettre au R. P. Mersenne du 15 avril 1630.

terme, un terme qui n'a pas d'antécédent. Qu'est-ce que ce premier terme ? sans doute, il cache un mystère que nous ne pouvons pénétrer. Nous n'en parlons que pour nous contredire, soit que nous imaginions qu'il se cause lui-même, soit que nous le supposions se succédant à lui-même à travers la durée. Nous en savons du moins une chose, c'est qu'il existe « à titre de condition d'existence des relations données à posteriori ». Mais il n'est cette condition, que s'il se détermine tout seul, que s'il tire de son propre fond le premier mouvement, que s'il commence par lui-même le branle universel. Le premier terme de la série cosmique est donc libre [1].

Ainsi ce n'est pas la nécessité, c'est la liberté qui est le dernier comme le premier mot du savoir. La science commence, se poursuit et s'achève dans la liberté.

*
* *

La liberté est chose possible. Mais à quoi bon, si le monde est nécessairement tout ce qu'il est ? A quoi bon, si la suite des événements est telle de sa nature qu'il y ait répugnance à ce qu'un agent extérieur la puisse modifier ? Après avoir

---

1. 1er *Essai*, XLIV ; — 2e *Essai*, t. II ; — 3e *Essai*, XII.

fait la place de la liberté en logique, il faut la faire en physique, et cette seconde question n'est guère moins ardue que la première. Elle soulève trois difficultés principales qu'il faut résoudre à tout prix, si l'on ne veut voir la liberté reprendre la route de l'intemporel où Kant l'a voulu renfermer. 1° Le but de la science est de prévoir; là est toute sa force; or la liberté, dont le propre est de rompre la série des antécédents et des conséquents, rend toute prévision impossible. 2° La causalité est la loi fondamentale de la nature : il y a, au moins, cela de vrai, ou la science n'est rien. Or, qui dit liberté, dit par là même négation de la causalité. 3° Une autre loi de la science, qui n'a guère moins d'importance que la causalité elle-même et qui n'en est d'ailleurs qu'un aspect, c'est qu'il y a toujours dans le monde la même quantité de mouvement. Mais qu'on introduise la liberté dans la trame des faits, que la liberté puisse de son chef commencer des séries de phénomènes, et voilà un surplus de mouvement : ce qui ne se comprend pas. Possibilité de prévoir, causalité, conservation de la force sont ébranlées du même coup, dès qu'on fait sortir la liberté du noumène. Par conséquent, ou la liberté n'est pas, ou ce n'est qu'une réalité métaphysique dont personne n'a que faire.

À ces difficultés d'ordre scientifique, M. Renouvier oppose des considérations, dont plusieurs touchent au fond du problème.

Tout d'abord, la science élève son ambition un peu trop haut, quand elle prétend à la prévision de tous les futurs. Est-il bien sûr qu'on puisse tout prédire ? Croit-on sérieusement qu'un savant universel, possédant la connaissance adéquate des phénomènes qui constituent actuellement l'univers, serait à même de prévoir «jusqu'aux moindres inflexions de la queue d'un chien, par exemple »? S'il y a des gens qui aient telle croyance, c'est qu'ils n'ont pas bien observé le jeu de la nature et celui de leur conscience. Il faut l'admettre en premier lieu, car c'est vrai dans tous les systèmes : chaque mouvement implique un surplus de réalité, chaque mouvement est partiellement nouveau. Par là même, chaque mouvement introduit dans la suite des phénomènes un facteur inattendu, qui suffit à dérouter tous les calculs. De plus, ce facteur se multiplie avec les phénomènes eux-mêmes : de telle sorte que plus il y a d'intermédiaires entre le moment actuel et l'événement futur à prédire, plus les chances de déviation vont s'accroissant. Non seulement tout phénomène implique du nouveau ; mais il y a des faits intérieurs, la conscience nous l'atteste clairement, qui ne tiennent point à leurs antécédents, qui apparaissent d'eux-mêmes et tout d'un coup sur la scène de la pensée : passions, désirs, images, idées ont très souvent une manière brusque de se produire, que rien ne fait attendre[1]. Il est curieux de remarquer que, sur ce point intéressant, M. J. Lachelier, l'auteur de la célèbre thèse sur *le fondement de l'induction*, est d'accord avec M. Renouvier, le défenseur à outrance de la liberté. « Le miracle de la nature, écrit M. Lachelier, en nous comme hors de nous, c'est l'invention ou la production des idées, et cette production est libre, dans le sens le plus rigoureux du mot, puisque chaque idée est, en elle-même, absolument indépendante de celle qui la précède, et naît de rien, comme un monde ». Comment se fait-il qu'après un tel aveu l'éminent philosophe ne se prononce pas pour la liberté phénoménale ? C'est ce que nous n'arrivons pas à comprendre. Si les actes de l'intelligence et de l'imagination échappent à la loi des

---

1. 2ᵉ *Essai.*, t. II, XII.

antécédents, pourquoi les actes de la volonté lui resteraient-il soumis ? Le charme de la nécessité, une fois rompu, peut l'être partout et toujours.

Que faut-il penser maintenant de la causalité scientifique ? La rigueur qu'elle semble impliquer se trouve d'être illusoire, puisqu'il y a des phénomènes qui n'ont pas besoin d'antécédent pour se produire. Mais il n'est pas nécessaire d'aller si loin pour ménager un asile à la liberté dans le tourbillon des phénomènes mécaniques. « La liberté ne demande point une table rase. Elle modifie seulement ce qui est donné, comme ce qui est donné modifie la sphère où elle s'exerce » [1]. Nous avons déjà vu qu'au dedans la liberté a ses lois : elle procède de la représentation, elle oscille entre le motif et la passion, dont l'influence respective tient au caractère lui-même. Quand la liberté passe au dehors, dans l'organisme d'abord, puis par l'organisme dans le monde extérieur, elle y trouve aussi des conditions qui tendent à limiter son exercice. C'est une exagération de dire que tout est déterminé; c'en est une autre d'affirmer qu'il n'y a que de l'indéterminé : la vérité se tient au milieu de ces extrê-

---

1. 1er *Essai*, t. II, XIII.

mes. A côté des phénomènes dont la direction et l'intensité sont fixées par leurs antécédents, il y en a d'autres qui, parvenus à certain point de leur développement, restent dans une sorte d'équilibre instable, également susceptibles de continuer leur cours en sens divers : à côté des phénomènes déterminés, il y en a d'autres qui sont ambigus. « La trajectoire à priorique des événements se composerait d'un nombre incalculable de trajectoires hypothétiques, se croisant en mille manières, toutes douées de grands caractères communs, de propriétés communes. La trajectoire effective ne saurait jamais être déterminée de tous points, si ce n'est après coup, et lorsque la liberté aurait réalisé telles ou telles parties du cours des trajectoires possibles, en laissant de côté ces parties de toutes les autres qui s'offraient pour un même intervalle de temps »[1]. Un bloc se détache du flanc d'une montagne. Si rien ne l'arrête, il roulera jusqu'au fond de la vallée, où vraisemblablement il produira de graves dégâts. Mais il se peut qu'une force le fasse dévier de sa route, et cette force peut être l'acte d'une volonté. Ce bloc a donc une aptitude à suivre plusieurs trajectoires dans sa chute : son

---

1. 2e *Essai*, t. II, XVI.

mouvement a quelque chose d'indéterminé. Ainsi, il y a de la marge dans les événements pour l'intervention de la liberté ; car il n'est pas contradictoire que ce qui n'est pas encore déterminé le devienne. D'autre part, une fois cette détermination produite, elle agit à son tour sur le reste de la nature d'après les lois mêmes de la nature. Je lance une pierre dans une mare d'eau, les ondulations qu'elle y produit n'ont rien de particulier, elles s'engendrent les unes les autres comme si le mouvement initial était purement mécanique ; elles se conforment en tout à la loi de la causalité.

Prévision et causalité, au sens que précise l'observation, n'ont rien de menaçant pour la liberté. En est-il de même de la conservation de la force? Pour M. Renouvier, le cas n'a rien de très embarrassant. A ses yeux, la conservation de la force ne peut avoir qu'une signification très large. On ne sait bien qu'une chose, c'est que le nombre des phénomènes, et par là même des mouvements donnés à l'heure actuelle dans le monde, ne peut être que fini. Rien ne prouve qu'il ait toujours été le même à chaque moment du passé. Rien surtout ne nous autorise à penser qu'il sera toujours le même dans l'avenir. Si le réel est fini, il est toujours susceptible de diminution et d'accroissement.

Le vice capital de la loi de conservation consiste à tenir compte de ce qui est et non de ce qui peut être. Toutefois, M. Renouvier ne se borne pas à cette réponse, qui procède de sa conception métaphysique du monde. Il revient à sa théorie des ambigus. Supposons que la loi de la conservation de la force ou, pour parler plus nettement, de la conservation du mouvement, ait toute la rigueur que lui prêtent les savants, les partisans de la liberté pourront encore s'en accommoder. Il y a en effet, des mouvements qui ont quelque chose d'indéterminé, qui sont indifférents de leur nature à se poursuivre dans telle direction plutôt que dans telle autre. Il en est de ces mouvements comme d'une sphère en équilibre au sommet d'un cône et qui peut tomber selon l'une quelconque des génératrices du cône. Lorsque de tels phénomènes se produisent, la liberté peut intervenir pour en déterminer le cours ; car alors elle ne crée pas, elle dirige le mouvement. Mais c'est là une idée sur laquelle il faut insister. Elle est devenue l'objet d'un controverse célèbre entre philosophes et savants.

*
**

Ce n'est pas seulement à notre époque que les

penseurs se sont préoccupés de la conciliation du libre arbitre avec le mouvement mécanique ; le problème est déjà vieux. Descartes, après avoir déduit de l'immutabilité des perfections divines qu'il y a une quantité permanente dans l'univers et que cette quantité est celle du mouvement, sauvegardait l'action de la volonté sur le corps en disant que la liberté, sans avoir la puissance de créer le mouvement, avait la puissance de le diriger. Quelque temps après, Leibnitz sentait le besoin de modifier la formule de Descartes. Diriger un mouvement, c'est encore le créer ; car c'est le détourner d'une direction antérieure ; mais, en vertu de la loi d'inertie, un corps ne peut être détourné de sa direction que par une cause nouvelle. Pour diriger un mouvement, il faut un mouvement nouveau. Leibnitz montrait par ailleurs que ce qu'il y a de permanent dans l'univers, c'est l'énergie et non l'acte ; la force et non le mouvement. Et par là il élargissait la question. Sans doute, la liberté, telle qu'il l'entendait, ne pouvait agir sur le corps; car l'âme, dans son système, n'avait pas de fenêtre ouverte sur le dehors. Mais tout obstacle à cette action disparaissait dans le corps lui-même: en y déterminant un mouvement, la liberté n'en changeait pas l'énergie, elle ne faisait que l'utiliser.

Toutefois, jusqu'à nos jours, la question avait gardé un caractère presque exclusivement métaphysique. Avec Joule, Hirn, Mayer, Grove, Bianconi, Fresnel, Ampère et nombre d'autres savants célèbres, elle a revêtu une forme tout expérimentale; et l'on a cru avoir une base empirique assez large pour ériger en loi, non plus seulement la pensée de Leibnitz, mais celle de Descartes. Il y a toujours la même quantité de mouvement dans l'univers : telle est la devise de la science moderne. Dès lors, comment expliquer les rapports de la liberté avec le monde organique et physique? La moindre de ses actions sur la matière est encore un surplus de mouvement; c'est encore, aux yeux de la science, une impossibilité.

Conduite à ce point d'acuité, la question devait provoquer de nouveaux efforts et le fait s'est produit.

Le premier qui s'en soit préoccupé, c'est M. Cournot. Ce philosophe savant faisait remarquer que l'homme peut, en perfectionnant de plus en plus les rouages d'une machine, atténuer indéfiniment la force que l'ouvrier doit dépenser pour la mettre en train. Usant ensuite d'un procédé familier aux mathématiciens, le procédé infinitésimal, il concluait qu'on pouvait concevoir ce travail comme rigoureusement nul; et c'est ce qui avait lieu dans les machines organisées, dans les corps vivants. Par là même la volonté n'était, à son sens, qu'un pouvoir directeur. « Elle agissait, non pas à la manière des forces physiques, non en ajoutant son action aux leurs, ou en les neutralisant par une action contraire du même genre, mais en leur imprimant une direction appropriée [1] ».

Cette idée a été reprise par M. de Saint-Venant, membre de l'Institut de France dans la section de mécanique. Le 15 mars 1877, M. de Saint-Venant présentait à ses collègues quelque peu étonnés peut-être une note sur *l'accord de la liberté morale avec les lois de la mécanique*. Dans cette note, il comparait le travail de la volonté à celui d'un ouvrier qui tire le déclic d'une machine, ou à celui d'un homme qui presse la détente d'une arme chargée ; et il l'appelait pour cette raison *travail décrochant*. Il montrait ensuite que l'homme peut, dans les machines qu'il invente, réduire de plus en plus ce travail par une série de perfectionnements successifs ; il en inférait que la nature, plus habile que l'intelligence humaine, a peut-être réussi à l'a-

---

[1]. *Rapport de M. Janet sur un mémoire de M. Boussinesq*, 1-8. Paris. Gauthier-Villars, 1878.

nuler tout à fait dans les machines organisées. Mais il n'y avait là qu'une autre manière de présenter l'idée de M. Cournot. La question n'avançait pas, pour avoir eu l'honneur de paraître en une assemblée de savants. La solution qu'on lui donnait gardait un caractère purement hypothétique. Tout ce qu'on osait dire, c'est qu'il se pouvait bien que l'action mécanique de la volonté ressemblât à un mouvement de déclic réduit à des proportions infinitésimales. Mais, en fait, la nature présente-t-elle des cas où le travail décrochant soit nul ? C'est ce qu'on ne savait pas, et c'est là ce qu'a essayé de démontrer M. Boussinesq, professeur à la faculté des sciences de Lille, dans un mémoire lu d'abord à la société des sciences de cette ville, présenté ensuite à l'Académie des sciences morales et politiques, et sur lequel M. Janet a écrit un intéressant rapport » [1].

En 1806, Poisson avait déjà remarqué qu'il y a parfois, dans les problèmes de mécanique, certaines indéterminations d'un genre assez singulier. « Le mouvement dans l'espace d'un corps soumis à l'action d'une force donnée, et partant d'une po-

---

[1]. Ce mémoire est intitulé : *Conciliation du véritable déterminisme mécanique avec l'existence de la vie et de la liberté morale.*

sition et d'une vitesse aussi données, doit être, dit-il, absolument déterminé. C'est donc une sorte de paradoxe que les équations différentielles dont ce mouvement dépend puissent être satisfaites par plusieurs équations qui remplissent en outre les conditions initiales du mouvement » ². Cette remarque a servi de point de départ à M. Boussinesq.

Il y aurait, selon M. Boussinesq, des cas d'indétermination mécanique parfaite, c'est-à-dire des cas où un mobile, arrivé à un certain point appelé point de bifurcation, pourrait prendre indifféremment deux directions, tout en satisfaisant à l'équation mathématique. Il y aurait des cas où un même corps pourrait également monter ou descendre, rester en repos ou se mouvoir, sans que l'état précédent déterminât l'une de ces hypothèses : de telle sorte, que, pour produire l'une de ces déterminations, nul travail ne serait nécessaire.

Ces cas d'indétermination, où la chiquenaude, pour décider le mobile dans un sens ou dans l'autre, pourrait être nulle, sont rares dans le monde réel, et l'analyse n'en peut démontrer l'existence qu'à l'aide de suppositions extrêmement sim-

---

1. Journal de l'école polytechnique, t. VII, ch. XIII.

ples. Mais la nature a des ressources que l'art ignore ; et l'on a quelque droit d'induire qu'elle a réalisé par un calcul transcendant des systèmes de milliards d'atomes où elle a préparé des milliards de bifurcations. Tels seraient les organismes vivants.

Ainsi se concilieraient l'un avec l'autre et la rigueur des lois mécaniques et la flexibilité de la vie. La volonté libre serait comparable à un ingénieur, qui, « chargé de construire un canal le long d'une ligne de faîte, peut, de tous les points de ce parcours singulier, distribuer à volonté l'eau du canal dans l'une ou l'autre des deux vallées adjacentes, sans avoir à la faire dévier de ses pentes naturelles ». Nous revenons ainsi à l'idée de Descartes : mais avec un avantage nouveau, c'est que cette idée paraît avoir son fondement dans la mécanique elle-même. Un être animé serait, par conséquent, celui dont les équations de mouvement admettraient des intégrales singulières, provoquant à des intervalles très rapprochés ou même d'une manière continue, par l'indétermination qu'elles feraient naître, l'intervention d'un principe directeur spécial [1].

La solution est ingénieuse ; mais elle n'a pas de

---

1. Mémoire cité, p. 40.

valeur, et on l'a dit. D'abord, comme l'a très justement fait remarquer M. J. Bertrand, c'est une témérité que de conclure de l'indétermination des équations mathématiques à l'indétermination des mouvements qu'elles représentent. Les solutions mécaniques altèrent la réalité, comme on altère un cercle en lui substituant un polygone régulier de cent millions de côtés. On suppose, par exemple, en mathématiques, la continuité dans l'intensité et la direction des forces. Il n'en est rien de fait dans la nature : tout y est plus ou moins brisé. La mécanique n'emprisonne dans ses formules que des *à peu près*. Est-ce merveille, dès lors, qu'on aboutisse à des solutions indéterminées [1] ?

Mais qu'on mette les choses au mieux, qu'on suppose aux solutions singulières un fondement dans la réalité, la question n'est pas tranchée par là même. « Identifier la thèse que la force nécessaire pour déterminer le mouvement peut être infiniment petite, avec celle que cette force peut être absolument nulle, c'est abuser d'un artifice employé par le calcul infinitésimal dans des conditions complètement différentes. La force employée à décrocher ou déterminer le mouvement est infini-

---

[1]. Journal des savants, Septembre 1878.

ment petite en comparaison de la force mise en mouvement : ainsi l'avalanche qui renverse une forêt peut être déterminée par le vol d'une corneille. La proportion des deux forces ne saurait être évaluée en chiffres ; la dernière est infiniment petite relativement à la première. Mais, pris en lui-même, ce battement d'ailes dépense une quantité positive de force égale à celle qui élèverait un poids donné à une hauteur donnée. Il est essentiel au décrochement que la force qui décroche et la force décrochée soient indépendantes l'une de l'autre. Il est donc inexact de dire d'une manière absolue que leur rapport tend à la limite. Loin de pouvoir descendre à 0, la force décrochante ne peut pas descendre au dessous d'un *quantum* donné » [1]. Et s'il en est ainsi, la difficulté demeure tout entière. « La difficulté philosophique est aussi grande pour la cent millionième partie d'un cent millionième de milligramme que pour une force d'un kilogramme, comme le dit excellemment M. Bertrand » [2].

---

[1]. Discours de M. Dubois-Reymond intitulé : *les sept énigmes du monde* (*die sieben weltrœthsel*), prononcé devant l'Académie de Berlin, le 8 Juillet 1880.

[2]. Journal des savants ; — Voir aussi Revue phil., *Les nouveaux expédients en faveur du libre arbitre*, 1892, Fouillée.

La réplique nous paraît définitive. De plus, elle renferme une pointe d'ironie, qui nous semble un peu méritée. L'argument du déclic et des solutions singulières est de nature puérile. Voyons, nous disent nos savants devenus philosophes: un peu d'indulgence. Nous réduisons le rôle de la liberté à si peu de chose qu'il faut le lui pardonner. Elle ne crée qu'un tout petit bout de mouvement. Que ce soit entendu, cela ne compte pas.

Toutefois, l'idée de M. Boussinesq n'a pas disparu totalement en face des nombreuses et graves critiques qu'elle a soulevées de toutes parts. M. Delbœuf l'a reprise, en la modifiant, dans la revue philosophique. Au sens de M. Boussinesq, la volonté produisait encore une toute petite chiquenaude mécanique. Pour M. Delbœuf, elle ne fait plus que choisir son moment : elle ne tire plus le crochet ; elle décide de l'heure où la machine se mettra en branle. Mais cette solution est assez subtile, il faut la développer un peu.

M. Delbœuf croit à la liberté et d'une croyance généreuse. Il ne l'accorde pas seulement à l'homme, mais encore aux animaux. A ses yeux, plaisir et douleur n'ont plus de sens, si l'on ne peut chercher l'un et fuir l'autre, si l'on ne peut choisir entre ces deux termes de l'activité sensible par le fait même qu'ils se proposent à l'état de fin. De plus, le signe extérieur de la liberté, c'est la discontinuité du mouvement. Toutes les fois qu'un mouvement s'accomplit d'après une trajectoire qui présente des points d'arrêt et des changements inattendus de direction ou d'intensité, il a pour cause une force libre. Or la discontinuité du mouvement n'est pas propre à l'être raisonnable ; on la remarque chez tous les êtres conscients. « Oui, dit M. Delbœuf, quoi qu'en puissent penser les plus illustres et les plus savants partisans du mécanisme des bêtes, on peut les défier, nous ne disons pas de donner, mais de rêver l'équation des arabesques qui ont rendu si célèbre le hanneton de Topffer. Le hanneton, parvenu à l'extrémité du bec de la plume, trempe sa tarière dans l'encre. Vite un feuillet blanc.... C'est l'instant de la plus grande attente ! La tarière arrive sur le papier, dépose l'encre sur sa trace, et voici d'admirables dessins. Quelquefois le hanneton, soit génie, soit que le vitriol inquiète ses organes, relève sa tarière et l'abaisse tout en cheminant, il en résulte une série de points, un travail d'une délicatesse merveilleuse. D'autres fois, changeant d'idée, il se détourne, puis, changeant d'idée encore, il revient, c'est un S!... ».

La liberté s'étend à tout ce qui sent. Mais la loi de la conservation de la force n'en doit pas moins être maintenue. Bien plus, M. Delbœuf trouve qu'elle ne suffit pas : il renchérit sur les savants et parle d'une autre loi de son invention, qu'il appelle la fixation de la force. Dès lors, comment concilier la liberté avec la mécanique? Voici en quelques mots la réponse du philosophe. Il fait d'abord une distinction dans la manière dont il faut entendre la loi de la conservation. Ce qu'il y a de permanent dans l'univers, ce n'est pas le mouvement, c'est la tension. Cette tension, la liberté ne l'augmente pas, elle en dispose ; et comment? par le choix du temps, où elle se transforme en force vive. « Voici un tas de poudre : que vous l'enflammiez aujourd'hui ou demain, la grandeur de l'effet mécanique est la même. Mais aujourd'hui l'explosion produira un travail utile ; demain elle causera des morts par centaines ». L'intervention de la liberté, ne changeant que l'heure où la tension doit se traduire en mouvement, ne change rien à la tension elle-même ; et, partant, elle ne contrarie nullement la loi de la conservation [1].

Mais dans ce dernier raffinement de la pensée

---

[1] Revue phil., année 1882, t. I, p. 453 et 608 ; — ibid., t. I, p. 156.

de M. Boussinesq, il n'y a qu'une équivoque, comme l'a fait voir M. Fouillée. « Dans les phénomènes mécaniques de la réalité concrète, dit M. Fouillée, ce ne sont pas seulement l'intensité, la direction et le point d'application des forces qui sont déterminés ; c'est aussi le temps. Si un certain nombre de forces composantes sont données, la résultante est donnée à un point déterminé du temps comme de l'espace. La résultante ne peut pas dire : « Je ne suis pas prête, attendez ». Quand je mets le feu à la poudre, le mouvement explosif de gaz ne peut pas remettre ses effets au lendemain. Si vous pressez la détente d'un fusil, la balle vous dira-t-elle : « Le changement de temps ne supposant pas un changement dans la quantité ou dans la direction des forces, je ne partirai que dans un quart d'heure » ? La flèche que vous voulez lancer, laissant l'arc se détendre, vous dira-t-elle : « Repassez plus tard ; d'ici là je me reposerai » ? Autant dire que la majeure et la mineure étant données, la conclusion peut se reposer pendant huit jours et choisir son moment pour sortir des prémisses en disant, comme les étoiles à Dieu : « me voilà »[1]. Ou bien la tension a ce qu'il faut pour éclater ; dans

---

1. Revue phil., année 1882, t. I, p. 585.

ce cas, elle éclate toute seule et à l'heure nécessairement marquée par l'ensemble de ses conditions. Ou bien il lui manque encore quelque chose ; et alors, un *fiat* abstrait ne suffit pas à la transformer en mouvement, il lui faut l'addition réelle d'un effort mécanique, une nouvelle composante.

Ainsi, l'*ambiguïté* de M. Renouvier nous revient dans un pauvre état de son voyage à travers le monde savant : il n'en reste à peu près rien. Quel malheur pour la phisolophie qu'il y ait des savants ! Mais aussi, quel malheur pour la science qu'il y ait des philosophes ! car le contrôle est chose funeste.

M. C. A. Vallier, fatigué, je le pense, de ces vaines discussions sur le pouvoir directeur de la volonté, a pris un parti extrême. Il a soutenu, dans une thèse remarquable, que le problème de la conciliation de la liberté avec les lois de la mécanique ne se pose pas au point de vue moral. « L'exécution que réclame la loi morale, dit-il, n'est pas matérielle, mais morale. Si l'effort physiologique, qui dépend de l'état des organes, est rendu impossible par leur épuisement, la loi se contente de l'effort psychique, qui, par essence, est toujours renouvelable. Que nos forces trahissent ou non notre volonté, nous sommes quittes envers la loi morale. Si l'acte voulu comme obligatoire exige une dépense d'énergie nerveuse au-dessus de nos ressources et qui n'aurait pas été nécessaire pour l'acte naturel, comme nous ne pouvons pas créer de la force physique, nous nous bornerons à commencer l'exécution et notre obéissance n'en sera pas moins valable et méritoire »[1]. Tout le prix de la liberté morale est dans la bonne intention, dans le choix du devoir pour le devoir. Or il n'y a rien en cela qui touche de loin ou de près à la mécanique. Très bien ; mais cette thèse se fonde sur une erreur. En dépit des affirmations de Kant et de son école, il reste vrai que la bonne intention ne suffit pas à la moralité. Pour qu'un acte soit totalement bon, ce n'est pas assez que nous l'imaginions tel ; il faut encore qu'il le soit. Il y a des erreurs en morale, et ces erreurs sont nombreuses ; or le partisan de la bonne volonté les met sur le même plan que la vérité. Ce qu'il y a là dessous, c'est le pire des scepticismes, qui est le scepticisme moral. En outre, le devoir ne nous ordonne pas seulement de vouloir, mais encore de faire. Bien plus, c'est pour faire que nous sommes obligés de

---

1. *De l'intention morale*, thèse présentée à Paris 1882.

vouloir ; rien n'est moins platonique que le devoir. Enfin, les actes de la volonté sont naturellement transitifs : ils se transmettent à nos organes et s'irradient en quelque sorte dans le monde matériel. Par conséquent, on ne peut supprimer le problème du rapport de la liberté avec la mécanique ; il s'impose au nom de la morale et de la nature.

Reste une solution, celle dont a parlé Voltaire dans une note du *poème sur le tremblement de terre de Lisbonne* : il y a une certaine contingence dans les lois de la nature. Et cette solution a été formulée avec une force remarquable par M. Boutroux [1]. Deux idées principales se dégagent de cette thèse, qui est déjà l'œuvre d'un maître. 1º L'expérience ne nous révèle pas la nécessité, mais seulement l'invariabilité du rapport de l'antécédent au conséquent. D'autre part, cette invariabilité est-elle l'effet d'une nécessité interne ? Cela dépend de la nature de l'être en soi. Mais cette nature nous échappe. Elle peut être libre aussi bien que nécessaire dans son mode d'action : de telle sorte que la nécessité qu'on attribue à la chaîne des phénomènes n'est qu'un postulat [2]. La nécessité ne se ma-

---

1. *De la contingence des lois de la nature*, 1874.
2. P. 23-32.

nifeste pas dans le monde que nous sentons; et dans l'au-delà, c'est peut-être la liberté qui règne. 2° Il n'y a pas d'équivalence entre l'antécédent et le conséquent. En premier lieu, cette équivalence est contraire à la nature de l'être. « La quantité homogène n'est que la surface idéale des choses ». « Une quantité ne peut être qu'une grandeur ou degré de quelque chose et ce quelque chose est précisément la qualité, la manière d'être physique ou morale ». Jusque dans les formes les plus élémentaires de la réalité, il y a quelque principe qualitatif, condition indispensable de l'existence elle-même. Partant, il faut « reconnaître que l'effet peut être disproportionné à l'égard de la cause au point de vue de la qualité », que nulle part, dans le monde concret et réel, le principe de causalité ne s'applique rigoureusement. De plus, l'équivalence de la cause et de l'effet est en contradiction manifeste avec le principe de causalité lui-même, dont on veut cependant qu'elle soit un corollaire. « Comment concevoir que la cause ou condition immédiate contienne vraiment tout ce qu'il faut pour expliquer l'effet? Elle ne contiendra jamais ce en quoi l'effet se distingue d'elle, cet élément nouveau qui est la condition indispensable d'un rapport de causalité. Si l'effet est de tout point identique à la cause, il ne fait qu'un avec elle et n'est pas un effet véritable ; s'il s'en distingue, c'est qu'il est jusqu'à un certain point d'une autre nature » ; et alors comment établir, non pas une égalité proprement dite, mais même une proportionnalité entre l'antécédent et le conséquent, la cause et l'effet [1] ? Doublement irrationnelle dans sa notion, l'équivalence de la cause et de l'effet est de plus contraire aux faits les mieux constatés. D'abord, il n'y a pas toujours équivalence entre antécédents et conséquents mécaniques. Ce rapport existe dans les mouvements de translation ; mais rien ne prouve qu'il persiste en ces mouvements élémentaires qui se cachent dans les replis de l'être matériel et qu'on appelle moléculaires : ces mouvements ne donnent pas de résultante ; de plus, ils sont de telle nature, que la plus petite variation dans leur intensité suffit à entraîner, dans les conséquences éloignées, des changements considérables [2]. En second lieu, l'équivalence apparaît moins encore entre les antécédents mécaniques et leurs conséquents de l'ordre physico-chimique. L'addition d'une faible quantité de mouvement suffit à transformer un phénomène chimi-

1. P. 30.
2. P. 78.

que en phénomène lumineux et un phénomène lumineux en phénomène calorifique, à faire passer un corps d'un état à un autre, à produire brusquement un phénomène tout nouveau [1]. En troisième lieu, si l'on s'élève au rapport que soutiennent les antécédents physico-chimiques avec leurs conséquents de l'ordre physiologique, le conflit de la loi d'équivalence avec les données expérimentales ne fait que s'accuser davantage : un simple mouvement de lèvres peut suffire à provoquer une explosion de colère, qui ébranle l'organisme tout entier. Enfin, entre les antécédents physiologiques et leurs conséquents de l'ordre psychique il n'y a plus de rapport appréciable. « Connaît-on le prix du travail intellectuel, quand on sait que l'équivalent mécanique en est un peu plus considérable que celui d'un travail musculaire moyen de même durée ? Jugera-t-on de la valeur d'un plaisir, de la vérité d'une pensée, du mérite d'un acte par le poids qu'on aurait pu soulever au moyen du carbone oxydé à l'occasion de ce plaisir, de cette pensée ou de cette action » ? A-t-on expliqué la différence du génie et de la folie, quand on a fait remarquer qu'à chacun de ces

---

1. P. 80.

deux états intellectuels correspond une série particulière de mouvements organiques[1]? Non, évidemment, et il n'est personne qui l'ose prétendre. Valeur intellectuelle, esthétique et morale : voilà autant de choses qui peuvent dépendre de certaines conditions organiques, mais qui n'ont avec elle aucune proportion imaginable. L'équivalence des antécédents et des conséquents n'est donc pas admissible : logique et expérience la réprouvent.

La conservation de la force est chose plus plausible. Mais on ne peut y voir qu'une loi tout expérimentale, qu'on n'a aucun droit de promener à travers le monde de la métaphysique et de la morale, au risque d'y tout renverser. De plus, réduite aux limites de l'expérience, la conservation de la force ne reste pas à l'abri de tout doute. Est-il un homme dont le caractère soit réellement invariable? Est-il une nation dont l'histoire entière soit l'expression d'une seule et même idée? Oui, aux yeux du psychologue qui n'étudie que l'homme ; non, aux yeux de l'historien qui étudie les hommes. C'est le passage du moins au plus et du plus au moins, qui est le trait dominant de la vie

---

1. P. 132-133.

psychologique; et il en est de même pour le monde matériel. Les astronomes ne nous apprennent-ils pas que le ciel est une sorte de théâtre sans borne, où tout s'élève du chaos à l'ordre, pour redescendre de l'ordre au chaos?

Dès lors, la liberté n'a pas le sort du poète, que Platon couronnait de fleurs, mais qu'il bannissait de sa république [1]. L'homme est libre : il l'est en lui-même et dans ses rapports avec le monde. Il se détermine lui-même et peut, en conséquence de ses déterminations, intervenir dans le cours des événements. Dieu est créateur : et de plus, il n'est pas l'esclave de l'ordre qu'il a lui-même établi : il peut changer cet ordre, il est Providence.

*
* *

Telles sont les principales réponses que les Néo-Kantistes ont opposées à la théorie de l'universelle nécessité. Mais ils n'ont pas été seuls à la combattre. L'école éclectique a persisté à travers la tourmente suscitée par l'idée déterministe d'Auguste Comte. A nos jours, elle a conservé d'illustres représentants. Jadis encore, E. Caro défendait la liberté morale avec une supériorité de talent, dont

1. P. 170.

la gloire ne peut que grandir avec le temps. M. J. Simon et M. J. Janet ont vaillamment soutenu la même cause, profondément convaincus l'un et l'autre qu'entre la conscience et la science il n'y a pas de litige de fond, que, s'il y en avait un, c'est en faveur de la conscience qu'il faudrait se prononcer.[1]

A côté de ces disciples de V. Cousin, s'est élevé un défenseur de la liberté, qui tient de toutes les écoles, et qui n'est d'aucune d'entre elles, parce qu'il les dépasse toutes ; dont la noble et sereine intelligence, longuement nourrie d'Aristote, de Leibnitz, et de Schelling, a su dégager de ces différents philosophes une doctrine vaste et profonde, où tout gravite autour de l'idée du bien et du beau : je veux parler de M. Félix Ravaisson. Préoccupé, comme ses contemporains, de la conciliation du libre arbitre avec la nécessité, M. Félix Ravaisson fait une distinction qui projette de la lumière jusqu'au fond de la difficulté. « Dans la logique, dit-il, il y a une nécessité absolue d'une proposition à ses conditions ; dans la nature, il y a une nécessité analogue d'une fin à ses moyens. La fin, en effet, entraîne les moyens. Au contraire,

---

[1]. *Le Matérialisme et la Science*, 1883 ; — *Le devoir* ; — *La Morale*.

la fin ne s'impose qu'avec cette nécessité relative qui détermine la volonté. C'est pourquoi, d'une manière générale, aucun événement n'entraîne jamais, avec une nécessité absolue et géométrique, un événement subséquent. Ce n'est qu'en un sens détourné et impropre qu'il en peut être donné pour la cause. Il n'est jamais réellement qu'un des éléments, et, comme on l'a vu plus haut, l'élément négatif d'une nécessité relative, de la nature de celle des motifs par lesquels notre libre arbitre se décide, nécessité morale qui n'empêche pas, qui implique, au contraire, *que la cause qu'on dit qu'elle détermine se détermine elle-même* ». Dans la nature, par conséquent, la vraie cause n'est pas la fin, mais bien la spontanéité. Ainsi de nous et d'une façon plus complète. La liaison infaillible qui, chez le sage, rattache chaque action à l'idée du meilleur, n'exclut pas la liberté ; au contraire, elle l'implique [1]. En somme, fin et cause ne sont pas choses identiques, comme on l'a tant dit.

A ces noms illustres, il faut joindre celui de M. l'abbé de Broglie, penseur original, s'il en fut jamais, et toujours en éveil, comme il l'était autrefois à la hune de son vaisseau. Son œuvre magis-

---

1. *La phil. en France au XIXᵉ siècle*, 2ᵉ édition.

trale sur *le positivisme et la science expérimentale* contient toute une théorie de la liberté où abondent et les faits et les vues métaphysiques de la plus riche venue. Quant à nous, nous savons un gré tout particulier à l'éminent philosophe d'avoir défendu avec force et aussi avec éloquence, comme l'a reconnu M. Secrétan [1], la valeur du témoignage de la conscience relativement à la liberté. « Bien faible et bien superficiel observateur est celui qui n'a pas reconnu en lui-même, dit M. de Broglie, cette variété de motifs et de mobiles, qui n'a point éprouvé ces luttes de la raison et de la passion, qui n'a point senti se raidir la chaîne de la conscience quand l'orage devenait plus fort, et qui n'a point reconnu non plus qu'il pouvait, s'il le voulait, se tourner vers le devoir pour l'embrasser, ou s'abandonner lâchement à l'attrait prédominant. Nous disons de cet homme qu'il est un bien faible et bien superficiel observateur. C'est ce que nous pouvons dire de plus favorable de lui ; car, s'il avait bien observé, si réellement il avait, dans sa vie, toujours suivi sans résistance l'attrait prédominant, s'il s'était laissé toujours emporter par le mobile le plus fort, alors, quelle que fût sa conduite, quel-

---

1. Revue phil., année 1882, *Analyses et comptes rendus*.

ques nobles et bienveillants que fussent ses instincts, c'est à peine s'il mériterait le nom d'homme, et il ne serait pas digne d'une estime plus grande que celle que nous accordons à un chien dévoué à son maître, qui suit aussi l'attrait prédominant de sa nature affectueuse »[1]. Voilà qui révèle une supériorité de bon sens et une sûreté de vue, qu'on ne saurait trop apprécier dans un temps où la mode sévit partout de ne plus voir que des illusions dans les données de la conscience.

CONCLUSION

Ainsi se sont poursuivis les efforts vraiment curieux, qu'on a faits du commencement de notre siècle à nos jours pour résoudre le problème de la liberté morale. Aux psychologues de France, aux métaphysiciens d'Allemagne ont succédé les philosophes savants; contre les philosophes savants ont réagi les moralistes. Maintenant, le mouvement commence, semble-t-il, à prendre un caractère nouveau. On a étudié tous les points de vue de la ques-

---

1. T. II, p. 221.

tion ; sur chacun d'eux on a recueilli comme une riche moisson de faits et de raisonnements. Le temps est venu de réunir dans une idée supérieure ces données diverses dont la contradiction n'est qu'apparente ; le temps est venu de songer à une sorte de synthèse critique. C'est là ce que M. G. Fonsegrive a été le premier à tenter dans son *essai sur le libre arbitre* [1] ; et l'on peut dire que sur plus d'un point, particulièrement sur l'idée de nécessité, il a des considérations dont il faudra désormais tenir compte. C'est à cette pensée, toute vivante d'actualité, qu'a obéi Mgr D'Hulst, lorsqu'il a donné en la chaire de Notre-Dame ses lumineuses conférences sur la liberté morale [2].

Est-ce à dire que la cause soit terminée, après tant d'efforts accumulés par toute une génération sur un même point? Nous ne le pensons pas. Il faut poursuivre l'œuvre de synthèse critique déjà commencée. Une triple tâche s'impose au chercheur qui prend le problème de la liberté morale en

---

1. Ouvrage couronné par l'Académie des sciences morales et politiques, 1887.

2. Nous apprenons, en corrigeant nos épreuves, la publication de plusieurs ouvrages où domine la même préoccupation : 1º *La causalité efficiente* par M. Fonsegrive dont nous venons de parler ; 2º la *Libertà* par Henrico Cenni ; 3º *the Psychology* by W. James.

son état actuel : élaguer, harmoniser, compléter.

D'abord, il est bon de remettre en lumière la vraie notion de la liberté. Cette notion, Kant l'a éclaircie, lorsqu'il a compris l'acte libre comme un phénomène qui n'a pas d'antécédent, et la liberté comme une puissance de commencer par soi-même une série de mouvements. Mais ce n'est là qu'un aspect de la question. Après avoir marqué ce qu'il y a de typique dans la liberté, il faut en définir les conditions intellectuelles, et sur ce point quelques observations paraissent nécessaires. En premier lieu, la liberté ne ressemble pas, dans ses actions, aux atomes d'Épicure ; elle ne peut se déterminer elle-même que sous l'influence d'une fin connue : il lui faut un but qui la sollicite et l'oriente ; De plus, il ne suffit pas que ce but soit perçu par les sens ; car le cycle de l'activité sensible est fatal. Ce but n'est quelque chose pour la liberté qu'autant que sa marche à travers la conscience peut être enrayée, qu'autant que sa valeur peut être mesurée, qu'autant que son essence est connue, qu'autant qu'il se pose en face de la raison : la connaissance rationnelle est la condition de la liberté. En outre, elle en est la mesure. On ne choisit que ce qu'on sait. Entendement et liberté ont les mêmes frontières. Ce n'est pas tout : plus la liberté devient elle-même, soit par le progrès de la connaissance, soit par l'exercice pratique, plus elle tend à se fixer dans son idéal, qui est l'ordre éternel des choses. D'où l'on peut voir que tout n'est pas livré au caprice, que tout ne retourne pas au chaos, par le fait même qu'on admet la liberté, et avec la liberté la possibilité de commencements absolus. Il ne peut se produire de commencements absolus ni dans la matière brute, ni dans la matière organisée, ni dans l'être purement sensible. Les commencements absolus ne se comprennent que dans l'être raisonnable, où ils ont pour loi la raison elle-même.

La notion de la liberté est à redresser et, pour y réussir, on n'a guère qu'à réunir des idées que la discussion a déjà fait naître. Ainsi des preuves elles-mêmes de la liberté. Avec Maine de Biran, Cousin, Jouffroy, c'est le sentiment de l'effort et celui du pouvoir de faire autrement, auxquels on a principalement recours pour démontrer l'existence de la liberté. Plus tard, après l'éclosion du déterminisme, on renonce à cette preuve d'ordre psychologique que l'on croit ruinée, et l'on se rabat sur un argument tout moral. On ne dit plus : je me sens libre comme je me sens exister : mais bien : Je dois, donc je puis. Il nous semble qu'il y a quelque chose de trop exclusif dans l'une et l'autre de ces deux méthodes. Il faut montrer que la liberté est un fait de conscience, non point en elle-même, en tant que puissance à l'état nu, mais dans ses manifestations à travers la vie de l'âme. Il faut faire voir que ces manifestations ont un centre commun, d'où elles s'irradient dans tout notre être et par notre être dans la nature elle-même. Loi morale, exercice de la pensée spéculative elle-même, sentiment de la responsabilité, remords, mérite et démérite, louange et blâme, sanctions naturelles et positives, conscience de pouvoir faire autre chose que ce que nous faisons en réalité, ne sont que des rayons épars à travers la vie individuelle et sociale tout entière d'un foyer central qui est la liberté ; et l'acte initial de la liberté est l'effort. Voilà le vrai ; et c'est pourquoi on ne peut que regretter les concessions qu'on a faites au déterminisme sur le témoignage de la conscience. Les défenseurs les plus fermes et les mieux inspirés du libre arbitre ont fini par croire eux-mêmes, en vertu d'une sorte d'hypnose, que ce témoignage n'a pas grande valeur : ils n'en ont parlé qu'avec une espèce de confusion assez ridicule. C'est là une fausse manœuvre. Plus confiant aux données synthétiques de la conscience morale de l'homme qu'aux élucubrations philosophiques, nous croyons qu'il est urgent de remettre sur pied les anciennes preuves de la liberté, en indiquant la solidité de leurs assises.

Si de la démonstration de la liberté on passe à son concept, on peut remarquer que sur plus d'un point la controverse n'a fourni que des vues incomplètes. D'abord, quel est le rapport de l'acte libre au motif ? Voilà l'un des nœuds du problème. Or sur ce sujet on a oublié une distinction capitale : la distinction de la cause efficiente et de la cause finale. Sans doute, si l'on admet, avec Schopenhauer et M. Fouillée, que l'idée est cause efficiente, tout est perdu : le déterminisme triomphe et sans remède. Mais où a-t-on vu ? quand est-ce qu'on a démontré que l'idée procède à la façon d'une force qui s'applique à une autre force ? La représentation concrète elle-même ne cause pas le mouvement, elle ne fait qu'en provoquer la cause : Et c'est déjà une différence assez notable. Mais on observe quelque chose d'absolument nouveau, quand on s'élève de la représentation concrète à la représentation abstraite, à l'idée proprement dite. Le propre des idées, c'est de se poser devant l'entendement comme ayant une valeur, et par là même de provoquer un acte qui les apprécie, un phénomène de réflexion, un arrêt. Il est de l'essence de toute idée de faire entre la pensée et l'action une halte, qui est l'effet de la liberté. Ce n'est pas dans l'idée, c'est dans la liberté, éveillée par l'idée, que se trouve la cause du mouvement qui suit l'idée. Entre la cause finale, lorsqu'elle est une représentation abstraite, et la cause efficiente, il y a différence radicale : et là se trouve le principe du salut.

Nous ne croyons pas qu'il faille beaucoup s'attarder aux rapports de la liberté avec l'organisme, aussi longtemps du moins qu'il ne s'agit que du concept de la liberté. Les nombreuses et délicates expériences qu'on a faites sur ce sujet, les observations et les considérations qu'on a entassées sur cette matière, ne tendent qu'à préciser une croyance vulgaire, c'est que notre liberté dépend de certaines conditions organiques : elle ne s'exerce que ces conditions une fois données.

La question des rapports de la liberté avec les lois de la mécanique me paraît avoir une plus grande importance, au point de vue où nous sommes en ce moment. Supposez que la liberté soit possible en elle-même ; elle n'est encore rien, ou presque rien pour la vie morale, aussi longtemps qu'elle ne peut changer le cours des événements extérieurs. Or à cette puissance dynamique de la liberté, les savants opposent deux difficultés principales : 1º l'universelle nécessité de l'enchaînement des phénomènes ; 2º La permanence de la même quantité de mouvement dans l'univers. Y a-t-il une réponse à ces deux objections ? Nous le croyons. La nécessité causale n'a pas la rigueur absolue de la nécessité géométrique ; elle est hypothétique. Telle somme de composantes étant donnée, tel mouvement doit s'en suivre, mais à une condition, c'est que les données resteront les mêmes ; or elles sont modifiables. La liaison des phénomènes naturels ressemble aux rouages d'une machine, qui va toujours de même aussi longtemps qu'une addition ou une soustraction de force ne vient pas la détraquer. Comme l'a très bien vu Voltaire : *tout est enchaîné* ne veut dire autre chose, sinon : *tout est arrangé*. Ainsi la liberté peut être à l'origine ; elle peut aussi rester contemporaine à la nature et la modifier. Quant à la permanence du mouvement, au sujet de laquelle on a dépensé tant d'érudition et tant d'esprit, notre avis est que les philosophes se sont un peu pressés dans leur enthousiasme pour les hypothèses de la science : ils y ont montré de la naïveté. La permanence du mouvement n'est pas encore démontrée ; elle n'est peut-être pas démontrable. De plus, supposez qu'on vienne à la prouver, la liberté n'en peut souffrir aucun dommage. Que peut en effet signifier cette loi ? que dans le monde mécanique, séparé de toute force extérieure et comme clos en lui-même, il y a toujours égalité d'action et de réaction, et par conséquent la même somme de mouvement. Mais, dans un tel système, rien n'empêche qu'une énergie étrangère aux éléments qui le constituent, vienne tirer de ses virtualités un mouvement qui n'était pas encore. La permanence n'est vraie que du monde mécanique ; elle ne peut l'être des rapports de ce monde avec l'activité libre.

La grande difficulté n'est pas de concilier la liberté avec la science, mais bien de la concilier avec la métaphysique. Qu'est-ce qu'une faculté qui passe par elle-même de la puissance à l'acte, de l'indéterminé à la détermination ? Quelle idée se faire d'une cause qui, dans des conditions absolument identiques, peut produire deux effets opposés ? Voilà le fond du problème, et sur ce point capital il faut faire une distinction que l'on a trop oubliée : la cause scientifique et la cause métaphysiques sont choses différentes. La cause scientifique n'est qu'un antécédent, une condition ou un groupe de conditions ; la cause métaphysique est un principe permanent d'action, c'est ce qui produit et l'antécédent et le conséquent. Entre la cause efficiente, prise au point de vue scientifique, et son effet, il n'y a qu'invariabilité ; entre la cause métaphysique et son effet il y a lien dynamique et par là même nécessité. En conséquence, la cause métaphysique ne peut-elle pas passer d'elle-même à l'acte, lorsqu'elle se trouve sollicitée du dehors ? C'est une question où notre esprit ne fait pas la pleine lumière, mais où il ne trouve en définitive aucune contradiction. Sans doute, il est impossible qu'on fasse sortir d'un contenant ce qu'il ne contient pas : par exemple, qu'on tire la conscience de ce qui n'est que matière, comme le veut Herbert Spencer. Mais on ne voit rien d'absurde à ce qu'un principe concret et vivant d'action se détermine tout seul, lorsque ce principe *se sait lui-même*. Car, dans ce cas, on peut dire : 1° qu'il contient éminemment l'acte qu'il produit ; 2° que, se sachant lui-même, il peut se diriger. Le concept de la liberté ne se réduit donc pas au contradictoire, mais au mystère. Et en cela, il reste dans le droit commun. Notre savoir n'est qu'une étincelle au milieu de ténèbres infinies.

Ce sont ces considérations, que nous développerons dans le second volume.

Original en couleur

NF Z 43-120-8

www.ingramcontent.com/pod-product-compliance
Lightning Source LLC
Chambersburg PA
CBHW050749170426
43202CB00013B/2352